IMPRESSO ou ELETRÔNICO?
Um Trajeto de Leitura

Nízia Villaça

IMPRESSO ou ELETRÔNICO?
Um Trajeto de Leitura

Copyright @ by Nízia Villaça, 2002

Direitos desta edição reservados à
MAUAD Editora Ltda.
Av. Treze de Maio, 13, Grupo 507 a 509 — Centro
CEP 20031-000 — Rio de Janeiro — RJ
Tel.: (21) 2533.7422 — Fax: (21) 2220.4451
E-mail: mauad@mauad.com.br

Projeto Gráfico:
Núcleo de Arte/Mauad Editora

Ilustração da Capa:
Composta com um trecho de *O Alienista*, de Machado de Assis

CATALOGAÇÃO NA FONTE
DEPARTAMENTO NACIONAL DO LIVRO

V712i

Villaça, Nízia
    Impresso ou eletrônico? Um trajeto de leitura / Nízia Villaça. – Rio de Janeiro: Mauad, 2002.
    144p.; 14cm x 21cm

    ISBN 85-7478-074-X

    1.Leitura – Inovações tecnológicas. 2. Interesses na leitura. I. Título.

CDD – 028

*Aos meus queridos
Luciana, Bruno, Rodrigo,
Antoine, Sophia e Patrick,
com carinho.*

Agradecimentos

Este livro tornou-se possível graças às pesquisas desenvolvidas no Grupo "ETHOS – comunicação, comportamento e estratégias corporais" com o apoio recebido do CNPq.

Agradeço a Fred Góes e Ester Kosovski – como eu, coordenadores do Grupo ETHOS – pela troca de idéias e incentivo. Aos pesquisadores bolsistas do CNPq, Flávia Vasconcelos de Mendonça e Cristiane Bastos Pacanowski, muito obrigada. Meus agradecimentos a Elizabeth Villaça Wanderley pela pesquisa qualificada na Internet e a meu colaborador, Bruno Villaça D. Abranches, pelas instigantes conversas sobre tópicos do livro. A Jaime Nunes Honório, minha gratidão pela dedicação e eficiência na revisão e digitação final.

SUMÁRIO

Introdução – 9

1. Um espaço "entre": o impresso e o eletrônico – 13
1.1- Texto e contexto – 13
1.2- Jogos de poder versus democratização – 21

2. Robinson Crusoé: as estratégias da escritura – 29
2.1- A máquina da representação – 29
2.2- Recepção e apropriações – 36
2.3- Sobre a prática da leitura – 41
2.4- Em torno de Gutenberg e da Modernidade – 47

3. Babel e a vetorização eletrônica – 53
3.1. A abrangência do literário – 53
3.2. Corpo e leitura – 63
3.3. Por um corpo comunicativo – 66
3.4. Do correio ao *e-mail*: corpo e desmaterialização – 75

4. Entre Frankenstein, o Cibionte e outras utopias: a comunicação como projeto – 87
4.1. Frankenstein: a máquina mortífera – 95
4.2. O homem simbiótico e o espaço do saber – 97
4.3. Impresso ou eletrônico? – 101

5. Por uma filosofia política: arte e ciência – 113

Bibliografia – 122

Notas – 132

INTRODUÇÃO

O que está em discussão quando comparamos o momento contemporâneo, o mundo feito de imagens velozes, as novas tecnologias da comunicação, a uma racionalidade anterior construída predominantemente por meio de palavras? O que se discute quando colocamos frente a frente a cultura de Gutenberg e o Ciberuniverso?

Por vezes, parece nem haver controvérsias a propósito da necessidade da imersão na lógica das imagens e na conexão das redes do mundo informatizado num momento de globalização, quando as demarcações territoriais, políticas e econômicas cedem passo aos fluxos transnacionais. Sobem ao pódio tecnocratas e políticos dispostos a conformar a periferia ao novo modelo. Discursos de marketing estilizam e estetizam a nova ordem, remetendo, sutilmente, para uma outra cena a voz jurássica dos que teimam em contrapontear a grande marcha global com questões ligadas ao social, exigindo um comprometimento político à corrida tecnológica.

Este livro pretende refletir sobre aspectos da passagem da cultura impressa à eletrônica e algumas de suas implicações filosóficas, políticas, sociológicas, sublinhando a importância do lugar da arte literária na antecipação do imaginário da *Web* e a importância das negociações que estas passagens exigem do corpo diante dos novos desafios aos processos de subjetivação. Para tanto, a pesquisa, além de percorrer a bibliografia específica em comunicação impressa, eletrônica e seus contextos sociopolíticos e econômicos, apoiou-se em levantamentos sistemáticos, feitos a partir de 1997 no *Jornal do Brasil*, *O Globo* e *Folha de S. Paulo*, bem como em sites na Internet, ligados, sobretudo, à escritura on-line e à produção e circulação dos livros na rede. Mais que dados estatísticos, rapidamente tornados obsoletos, interessou-nos uma certa semiologia destes discursos, o estabelecimento de alguns sentidos recorrentes que permitissem traçar um esboço da cultura que se delineava. Com esta estratégia buscou-se dar uma certa estabilidade ao trabalho que não se atém a impressões de fachada ou a afirmações radicais. Sugestivamente o livro foi escrito num período cujas margens foram as duas últimas bienais acompanhadas, respectivamente, do sentimento do declínio do livro impresso com a chegada do eletrônico e, seqüencialmente, da desconfiança a propósito deste último, que não teria alcançado o sucesso prognosticado. A radicalidade revolucionária da primeira visão foi, de certa forma, desautorizada pela realidade do que veio a suceder. A décima sétima Bienal do Livro de São Paulo encerrou suas portas comemorando um aumento de público de trinta e cinco por cento em relação à edição anterior, de 2000. Como atestou a *Folha de S. Paulo*, em pesquisa realizada pela organização do evento, sessenta e nove por cento desse público comprou livros impressos, embora setenta e quatro por cento dos visitantes tivessem computador. A conclusão parece levar à hipótese de que o livro eletrônico ainda funciona atrelado ao livro de papel, ou, como veremos, há uma complementaridade entre os dois universos.

As variáveis implicadas na discussão entre o suporte impresso e o eletrônico, as diversas práticas de leitura, a extensão das novas possibilidades técnicas serão por nós discutidas, articulando, sobretudo, o triplé corpo, arte e tecnologia no âmbito dos novos jogos de poder e exercício do jogo democrático.

Este ensaio se divide basicamente em três segmentos ou capítulos. No primeiro, intitulado "Robinson Crusoé: as estratégias da escritura", põem-se em funcionamento a máquina da representação e suas pretensões de mapeamento do mundo dessacralizado que se seguiu à Idade Média com a invenção da Imprensa e tantas outras façanhas responsáveis pela ênfase antropocêntrica. Neste momento, que se estende do Renascimento aos finais do século XIX, acompanhamos o movimento dos poderes de disciplina e controle, bem como aqueles pontos de fuga e contestação que nunca deixaram de ocorrer, apesar das afirmações de alguns autores sobre o autoritarismo da escrita. A análise de questões ligadas à leitura e à recepção foi importante para a discussão dos níveis de interação autor/leitor.

O capítulo intitulado "Babel e a vetorização eletrônica" aponta o lugar da escrita literária e seu papel antecipador da construção do imaginário eletrônico e suas potencialidades. O encontro arte/técnica por nós enfocado discute concomitantemente as mutações estéticas e a humanização tecnológica. Procura-se enfatizar também a discussão de um novo estatuto corporal com a vulgarização do mundo virtual, a multiplicação das ampliações protéticas e intervenções maquínicas.

O último capítulo coloca, ao lado das figuras de Crusoé e Babel, a de Frankenstein e as de mitos contemporâneos como o Cibionte e a Cosmopédia, para discutir aspectos da tecnofobia e da tecnofilia, as novas técnicas de controle, a real possibilidade de acesso democrático à cultura, bem como as possibilidades de conexão, reflexão, singularidade e criação num mundo globalizado, ameaçado pelo fantasma do "Um" sob as máscaras do multiculturalismo.

1 - UM ESPAÇO "ENTRE": o impresso e o eletrônico

> *"Contar estórias e escutá-las cria um elo entre dois protagonistas e os mantêm ligados na negociação da verdade da experiência humana".*
>
> Zygmunt Bauman

1.1- Texto e contexto

As profundas transformações de nossas referências científicas, de nossas técnicas, da organização do trabalho, da família, das escolas, do espaço e do tempo provocam hoje as mais diversas reações. Como nos orientar no mundo global que se levanta e parece substituir o antigo?

Para Michel Serres[1], por um lento reequilíbrio, as mais raras novidades se ancoram em hábitos milenares que não havíamos percebido. O autor enfatiza a melhor adaptação das novas técnicas quando elas remetem a antigas referências. A dinamização deste espaço "entre" implica pensar a articulação entre o conhecido e o desconhecido que existe desde a aurora da humanidade. É este espaço de passagem que basicamente estará em jogo na avaliação do impresso e do eletrônico de forma a não alimentar o costumeiro hiato estabelecido entre a cultura do papel e as novas tecnologias, dando margem a tecnofilias ou tecnofobias. Tem razão Steven Johnson[2] quando lembra que sempre tivemos dificuldades em enxergar a fusão entre tecnologia e cultura. Para o autor, a vida de Leonardo da Vinci ou de Thomas Edison bastaria para nos convencer de que a mente criativa e a mente técnica co-habitam de longa data.

Um espectro de humores, julgamentos e expectativas, há alguns anos, intensifica os debates sobre a cultura eletrônica e mais particularmente o livro eletrônico, promovendo encontros e entrevistas com especialistas na mídia impressa e eletrônica. Remetendo a Michel Serres e ao espaço "entre" que percorremos por ocasião das grandes transformações tecnológicas, penso que todo este alvoroço intelectual, político, econômico faz parte desta travessia. Inicialmente, falava-se sobre *e-book* mas não o descreviam com precisão, de modo a estabelecer diferenças entre o livro criado on line, o livro apenas disponibilizado na rede e o CD-Rom. Não distinguiam livro e texto, discussões essenciais quando se afirma que o livro impresso está morrendo.

Transcrevo duas citações como forma oportuna de remeter ao processo de ruptura/continuidade que envolve o futuro do livro, sua representação histórica e avaliações do livro eletrônico como provocação para pensar questões aí embutidas.

"Na Internet, "Ulisses", de James Joyce, tem sido relido como uma obra que antecipou o imaginário do ciberespaço. Ensaios disponíveis na rede discutem desde a presença de um núcleo ciberespacial até suas afinidades com a teoria do caos[3]*".*

"E o que vai o país-pererê e o país-curupira fazer com o livro eletrônico se ainda não descobriu sequer a leitura e o livro de papel[4]*?"*

A primeira epígrafe refere-se à antecipação do imaginário da Web pela estrutura de temporalidade múltipla da obra de James Joyce e corrobora de alguma forma meu pensamento a propósito da importância da estrutura do imaginário literário na passagem do impresso ao eletrônico. Quando James Joyce publicou *Ulisses*, em 1922, revolucionando nossas expectativas literárias, revelou-se um técnico altamente qualificado que andou fazendo experiências com a máquina-livro: "ele poderia perfeitamente ser visto como um programador que escreveu códigos para plataforma da máquina impressora. Joyce escreveu software para um hardware originalmente materializado por Gutenberg[5]".

A segunda epígrafe situa-se no extremo oposto da avaliação do universo tecnológico, apontando para uma abundância de infraleitores brasileiros num mundo de hiperleitores que caminha para o século XXI, o que remete à discussão sobre globalização e sobre o acesso democrático às tecnologias.

Uma série de conceitos precisa ser pensada progressivamente, na articulação dos pares global/local, corporeidade/virtualidade, abertura/controle, certeza/incerteza, simplicidade/complexidade, familiaridade/estranhamento, experiência/entretenimento, nas fronteiras do universo informático comunicacional, nos limites entre ciência, arte e cultura. O objetivo é refletir sobre o exercício da subjetivação no contemporâneo e as relações de poder que se instalam no horizonte das novas tecnologias, pensando os usos e aplicações que formam o contexto das motivações cognitivas das novas tecnologias face às demandas sociais de participação comunicativa e acesso democrático às fontes. Embora subentendendo tarefa ciclópica, o assunto será tratado através de pequeno roteiro. Refiro-me à narração de alguns acontecimentos históricos, socioeconômicos, antropológicos, filosóficos e políticos no trajeto do que vem sendo chamado de escritura, enquanto estratégia, que, a partir, sobretudo, dos séculos XVII e XVIII, articula a linguagem, seu estatuto e pretensões, com a distribuição dos lugares do saber e do poder.

De forma não determinante, mas integrada num processo genealógico, consideramos as provocações trazidas pelas transformações tecnológicas que hoje, mais que nunca, se dão em velocidade crescente e exigem uma reflexão sobre quais as vias de acesso ao saber, como se processa sua legitimação, quais os destinos do saber crítico e não meramente cumulativo, como fica a questão cultural, suas mediações, para além dos poderes hegemônicos. Os aspectos tecnológicos são, certamente, importantes, mas não devem obscurecer o fato de que o desenvolvimento dos meios de comunicação importam numa reelaboração da vida social, numa reorganização da forma pela qual a informação e o conteúdo simbólico são produzidos e intercambiados e numa reestruturação dos meios pelos quais os indivíduos se relacionam entre si. Preocupa-nos uma abordagem "cultural" dos meios técnicos, conectada ao significado das formas simbólicas e sua contextuação social. Como acentua John B. Thompson[6], os meios de comunicação têm uma dimensão simbólica irredutível, ligada à produção, armazenamento e circulação de materiais entre produtores e receptores. Não se pode perder de vista esta dimensão. Em sua teoria social, o autor privilegia a comunicação como fenômeno integral de contextos mais amplos da vida social. A comunicação mediada é sempre um fenômeno social implantado em contextos que se estruturam de diversas maneiras e que, por sua vez, produzem impacto na comunicação que ocorre. Uma vez que a comunicação é geralmente "fixada" num substrato material de algum tipo – palavras inscritas em papel, por exemplo, ou imagens gravadas em películas – é fácil focalizar a circulação das mensagens da mídia e ignorar a complexa mobilização das condições sociais que subjazem à produção e circulação destas mensagens.

Barbero[7] analisa a importância das mediações, paralelamente às determinações dos meios, na evolução do processo cultural como espaço estratégico da hegemonia. Se, em meados do século XIX, a demanda popular e o desenvolvimento das tecnologias de impressão vão fazer das narrativas o espaço de decolagem da produção massiva, como veremos a propósito do folhetim, comenta Barbero que a mediação passa a encobrir as diferenças e conciliar os gostos quando realiza a abstração da forma mercantil na materialidade tecnológica da fábrica e do jornal. Refletir sobre os processos de comunicação e cultura, sobre a constituição de novos sujeitos políticos em tempos de transnacionalização, significa deixar de pensar a partir das disciplinas e dos meios, significa romper com a hegemonia do pensamento tecnológico "per se" e articular as práticas de comunicação aos movimentos sociais na produção do sentido em seus vários níveis

A complexidade corporificada nas mediações é por nós revisitada no momento do surgimento da imprensa, no momento da aceleração do processo com a introdução da rotativa e, na atualidade, quando os lugares de produção e reprodução sofrem novo abalo.

Interpreto a passagem da cultura impressa à eletrônica, seguindo o fio de abertura oferecido desde sempre pela arte em geral e a criação literária em particular, como lugar onde ler as inscrições da subjetividade. A leitura de Giulio Carlo Argan[8], discutindo, no campo estético, as noções de projeto e destino diante das novas tecnologias, nos é útil para visualizar as estruturas que delineiam hoje transformações paradigmáticas. Estaremos presos ao "fatum" tecnológico ou somos capazes de ressignificar a noção de projeto? A crise que nos constitui "não é só um *fato* social, e sim uma *razão* de ser, tecido de temporalidades e espaços, memórias e imaginários que até agora só a literatura soube exprimir[9]".

As perguntas se sucedem sobre se a era do humanismo acabou, se assistimos ao nascimento de uma nova espécie, se o corpo tornou-se obsoleto a partir das intervenções maquínicas. O que a tecnologia ameaça? O que é o humano? Como fica a liberdade hoje? O que receamos? O regresso a uma barbárie pré-histórica ou o advento de uma barbárie tecnológica e pós-humana? Construiremos uma democracia virtual?

O domínio das comunicações constituiu um setor privilegiado pelos estudos prospectivos nos últimos trinta anos aproximadamente. Foram sendo sucessivamente anunciadas numerosas "revoluções" a partir das profecias de Marshall McLuhan, a propósito do fim da "galáxia Gutenberg" e da instituição de uma "aldeia global" eletrônica e planetária. A idéia de uma "revolução" que transformaria de alto a baixo as nossas sociedades associou-se a toda uma série de inovações técnicas em informação e comunicação surgidas a partir dos anos 60: distribuição por cabo dos sinais de televisão, implantação das redes de satélites de comunicação, aparecimento do vídeo portátil e, a seguir, do gravador doméstico, invenção da microinformática, convergência entre informática e telecomunicação que desembocou na telemática, redes digitais integradas, televisão interativa, telemóveis, televisão de alta definição – que se pretende substituir hoje pela noção de digitalização –, auto-estradas eletrônicas e da informação, etc.

Tais previsões levam em consideração, evidentemente, certos progressos técnicos da comunicação, mas continuam a ser largamente influenciadas pela ideologia da comunicação ou seja, tudo se passa como se as técnicas engendrassem, pela sua simples presença, utilizações imediatas e entusiásticas por parte de um público carente de novos produtos.

A discussão sobre o assunto é complexificada pela idealização e antecipação com que muitas das inovações tecnológicas são tratadas. Paul Virilio comenta os abusos mediáticos que envolvem certas "descobertas", o caráter publicitário da divulgação prematura dos resultados desta ou daquela experiência. Para o autor, esses abusos não passam de uma maneira de condicionar a opinião pública por meio de uma ciência dos extremos, menos preocupada com a verdade que com o impacto do anúncio de um achado[10].

O livro eletrônico pode ser avaliado de diversos ângulos: facilidade de compilação em termos espaciais, enriquecimento multimídia, qualidade da dimensão interativa, nível de liberdade propiciado, qualidades que se distribuem com maior ou menor ênfase nos diferentes suportes. As transformações dizem respeito tanto ao modo de produção quanto à reprodução. Sofrem um abalo as tarefas de profissões que, no século XIX, depois da revolução industrial da imprensa, a cultura escrita criou: autor, editor, tipógrafo, distribuidor, livreiro. Na opinião de Wilson Dizard[11], os setores editoriais tradicionais, jornais, revistas e livros, estão adaptando seus estilos operacionais às realidades do computador e também enfrentando a concorrência de um número cada vez maior de provedores eletrônicos de informação.

A propósito das previsões no campo literário para o próximo milênio, ao falar da literatura hoje, somos obrigados a falar da tecnologia e do fenômeno da multiplicação das pequenas editoras. Um programa de editoração e diagramação pode hoje, no computador, substituir uma equipe de técnicos e um parque de máquinas. Das seis etapas de produção de um livro, quatro podem ser feitas num computador caseiro: preparação do texto, revisão, capa e impressão de "laser film", restando apenas o fotolito da capa e a gráfica[12].

Em finais de 1998, o jornal *O Globo* declarava: "esqueça as estantes"[13]. O lançamento do primeiro livro eletrônico do mundo, o Rocket eBook, em 1999, prometia poupar espaço e transformar hábitos de leitura. Os especialistas apostavam que seria uma revolução similar a que Gutenberg provocara quando inventou a imprensa em 1452: dez romances em 627 gramas de tecnologia digital. Tal revolução ainda não se deu, talvez devido aos processos adaptativos requeridos para tal passagem, sobretudo, no que concerne aos hábitos corporais.

Como bem sublinha Zygmunt Bauman em texto enviado ao Congresso sobre o futuro do livro, realizado em agosto/2000 na Academia Brasileira de Letras[14], as determinações tecnológicas só podem ser levadas em consideração na articulação com outros fatores da organização e interação social. Referindo-se à passagem da cultura oral à impressa, acentua o fato de que a transmissão da experiência *in presentia*, marca dos primeiros narradores, como bem assinalou Benjamin, foi substituída, no mundo de Gutenberg, pelo afastamento da vivência em comum e pela alteração do papel do narrador que passa a acrescentar algo ao mundo. Tal acréscimo passou a representar perigo para os sentimentos de continuidade e ordenação. A circulação de histórias podia provocar reflexão, mudança, movimentos de desagregação, numa época em que se formavam as nacionalidades e em que se buscavam unidade lingüística, homogeneidade cultural e culto da tradição. Este sentimento duplo a respeito do papel do livro como fator de reasseguramento ou de turbulência pontuou sua evolução. Assim, Milan Kundera, em *A arte da novela*[15], condena o movimento de Khomeini contra os escritos de Salman Rushdie, percebendo-o como uma agressão à liberdade artística vista por ele, na ótica da contracultura, como lugar de resistência contra o tecnocientificismo e a cultura burocrática da modernidade. Por outro lado, Umberto Eco, que não viveu as pressões do totalitarismo, como Kundera, mas um mundo confuso, um "cassino cultural" onde a liberdade era sentida, por vezes, como peso mais que ganho, viu no livro, afirma Bauman, um lugar de reasseguramento, em meio à turbulência do real. Quanto à cultura eletrônica, conclui Bauman, ela só pode ser medida se se pensar, mais do que nas determinações da técnica, no jogo do social em que predominam a velocidade, a fragmentação e a cultura do entretenimento. A preocupação com o futuro dos livros exige que se olhem mais de perto a sociedade e seus caminhos, de modo a tornar os livros possíveis na sociedade que habitamos, tentando evitar que a sociedade se torne imprópria para os livros.

As características, qualidades e limitações e, por que não as inquietações trazidas pelo livro eletrônico, podem ser melhor avaliadas se distinguirmos o livro on-line, o tipo e a qualidade de interatividade oferecida; o e-book e a possibilidade de proteção dos direitos autorais com sua versão portátil, e o CD-Rom que, se traduz o enriquecimento do som e da imagem, representa, por outro lado, com links programados, uma limitação diante da maior liberdade que tinha o leitor tradicional em suas associações.

Nossas reflexões estarão sobretudo ligadas ao domínio da produção literária, sua circulação e recepção, já que estará em discussão não apenas o indiscutível aumento do alcance da informação mas, sobretudo, a qualidade do diálogo oferecido pelo livro eletrônico.

1.2 - Jogos de poder versus democratização

As reações diante do diálogo homem/máquina e toda a parafernália conceitual das novas tecnologias freqüentam a mídia e os meios acadêmicos, despertando os mais variados humores. O jornalista Sérgio Augusto[16], em 1997, adjetivava a realidade virtual como nada virtuosa e, olhando o mundo na virada do milênio, afirmava que não merecera ainda um epíteto à altura de suas tendências dominantes. Segundo ele, a década de 90 não fora a do cérebro, como classificou o *American Demographics* em 1993, ou a década da decência, segunda colocada no certame, nem a época dos *gays*, nem a do pragmatismo, mas a da realidade virtual. A realidade virtual, para o articulista, é a visão *junkie* da vida como o *Big Mac* é a versão *junkie* da comida e a pornografia, a do sexo, aludindo a um processo do tipo *fast food*.

A polêmica em torno da técnica e sua representação cultural vem de longe e na verdade sempre existiu, embora entre os gregos o sentido de *techne* fosse mais abrangente, implicando em criatividade e subjetivação criadora, *poieses*, como é patente, sobretudo, na tradição cênica.

Certamente, a invenção da imprensa, com a disseminação do livro e tantas outras descobertas da era moderna, foi determinante de uma revolução do imaginário humano, criando processos de subjetivação que, através dos séculos, se construíram e desconstruíram num jogo de disciplina e descontrole de si, do outro e das condições de sociabilidade.

Os séculos XVII e XVIII organizam o saber impresso e põem na ordem do dia o programa de uma ciência útil ligada aos fatos dos quais emerge a representação de um mundo em movimento, suscetível de ser modificado. O aparecimento da comunicação como projeto e aplicação da razão inscreve-se na linha direta deste ideal de perfectibilidade que implicava em movimento e controle, conforme acentua Armand Mattelart[17].

O século XVII inicia-se sob o signo do engenhoso D. Quixote de La Mancha e encerra-se com o engenheiro Vauban (1633-1707). Um lutou contra moinhos em campo aberto; o outro construiu praças-fortes e erigiu cercos. A dialética de liberdade e controle prossegue com o desenvolvimento do industrialismo no século XIX. Paralelamente ao descontrole provocado pela maior circulação de bens, aumentou também a homogeneização e o controle, confirmados pelo interesse pelos estudos estatísticos, determinação de públicos-alvo e constituição da cultura de massa.

As questões suscitadas pelas novas tecnologias da comunicação continuam a constituir hoje um ponto de interrogação em termos de autodeterminação, como provam as discussões entre economistas, engenheiros da comunicação, artistas e críticos da cultura. Abertura à complexidade, à cultura na sua pluralidade, ou nova estratégia de poder?

Com a remissão à questão da complexidade, refiro-me à compreensão da subjetividade humana que, como sublinha Guattari em *Caosmose*[18], deixa de centrar-se na consciência para englobar um espectro semiótico mais amplo onde o viés maquínico há de ser considerado paralelamente a devires minerais, animais e outros, incluindo aí as metamorfoses do corpo tornado instável e virtual.

Alcançaremos uma democracia virtual, um acesso ativo de telecidadãos à aclamada inteligência coletiva, ou permaneceremos na mera utilização passiva dos sistemas de *softwares* das grandes transnacionais, imergindo no que poderíamos chamar de "microssofística" pelo cruzamento do império Microsoft com a sofística: poder transnacional, fascinação e passividade. O sentido de sofística acha-se aqui empregado na concepção platônica pejorativa, uma vez que ele hoje é positivado como abertura nos estudos do discurso como produção do real[19].

Léo Scheer[20] chama atenção para a queda do muro de Berlim como acontecimento emblemático da crise das grandes narrativas, da História, da ideologia e das crenças. Num cenário em ruínas, vagueiam, como fantasmas, os antigos heróis: os intérpretes e narradores, os sujeitos históricos e os hagiógrafos, políticos e mediáticos. Instala-se uma desregulamentação que vem sendo problematizada. Tendo a História deixado de ser uma ficção eficaz, já nada, nem ninguém precisam ser o seu sujeito. Conseqüentemente também a comunidade entra em crise com o esgarçamento do vínculo social daí decorrente. A situação leva a um retrocesso no âmbito da organização social, a uma situação típica dos primeiros Estados liberais descritos por Carlos Nelson Coutinho: "por um lado, indivíduos atomizados, puramente privados, lutando por seus interesses econômicos imediatos; por outro, os aparelhos estatais como único representante de um pretenso interesse público, de uma suposta vontade geral[21]".

Se a afirmação do chargista Luís Fernando Veríssimo sobre a *Net* procede, a rede não propicia a organização política de sociedade civil que vinha se pluralizando ao lado da sociedade burocrática Estatal.

"Mas estar por fora da Internet inaugura uma nova era de exclusão, a era "out" irremediável. A era dos "purfas" totais. Não demora, o mundo se dividirá entre os que fazem tudo pelo computador, inclusive, não duvido, procriar e os perplexos. Nunca nos encontraremos. Você e a sua laia ultrapassada comprarão discos e livros em lojas de discos e livros, se conseguirem encontrar alguma, enquanto eles "download" (dãoloudeiam?) o que querem das suas máquinas"[22].

Cairemos num determinismo tecno-economicista? A superestrutura cultural perderá a independência e pluralidade adquirida para entrar no que Gramsci chamou de modernização conservadora caracterizada pelo processo hegemônico através de conceito de "transformismo" e cooptação de políticos, intelectuais e outros grupos[23].

Conduzirá o desencanto da ordem política, fatalmente, a uma forma catódica e eletrônica de tirania e de condicionamento das almas? Iremos nós ser mergulhados no *software* democrático, que efetua, em tempo real, o que a ditadura das sondagens de opinião não conseguiu fazer? Cairemos nas mãos de alguns programadores "politicamente corretos"? Ou poderemos alcançar um novo tipo de *ágora*? Se considerarmos o sentido etmológico de crise (Krisis = separação), alcançaremos a ultrapassagem e a construção de uma ponte? O telecidadão, liberto das máquinas disciplinares republicanas e das instituições normalizadoras, reatará a relação com os dois parâmetros da democracia ateniense: a *politike techne* (a arte do juízo político) e a *isegoria* (direito, igual para todos, de falar à assembléia)?

As perguntas sem respostas definitivas são a tônica, notadamente quando a temática proposta está, apenas, começando a atualizar-se na construção de um saber-crítico processual. Para Léo Scheer, é num contexto de inversões, de desmontes que se joga a partida decisiva cujo resultado dependerá, paradoxalmente, da vitalidade político/ideológica.

Proponho algumas "metáforas" constitutivas para esboçar trajetórias que narram a captura da oralidade pela escrita, as peripécias desta última, enquanto representação, e os seus avatares eletrônicos. São elas: o mito de Robinson Crusoé, emblemático do livro impresso e da busca da organização do mundo; o mito de Babel, emprestando sua simbologia à abertura da arte literária, antecipadora das virtualidades do eletrônico; o mito Frankenstein, lugar do embate entre os detratores e os apologistas da relação homem/máquina. O recurso a estas simbólicas pretende recobrir um trajeto epistemológico e conceitual, discutindo a subjetividade, a teologia da identidade, a questão da verdade e o sentido da desconstrução destes conceitos no modo de dar-se do contemporâneo. No confronto entre as visões naturalistas (ênfase no contato direto da oralidade), construcionistas (ênfase tecnológica) e interacionistas, optei pela última por não incidir nos radicalismos das anteriores.

Não recuei a tempos anteriores à cultura do papel, às expressões que antecederam a invenção da escrita e a tantas formas de inscrição e gravação que antecederam o surgimento da imprensa. Da mesma forma, não detalhei os caminhos da imprensa entre os chineses com suas gravações em blocos de madeira (II d.c) ou os caracteres móveis de barro endurecido por resinas na mesma China em 1041-1048, deixando de lado tais acontecimentos que envolveram diversos jogos de poder como a apropriação da escrita chinesa pelos árabes.

Também não me detive na história da escrita e da leitura referente à época grega ou romana, referindo-me apenas de passagem ao período medieval que antecede a invenção da imprensa no ocidente. De qualquer forma, vale ressaltar a opinião do historiador francês Roger Chartier sobre a revolução representada pela invenção do codex e da leitura silenciosa, só igualada em sua opinião pela do texto em tela de computador, embora o autor reconheça os níveis de manipulação que pode criar um analfabetismo eletrônico[24].

A evolução do impresso ao eletrônico não aconteceu de maneira uniforme nos países que detiveram o poder em diferentes épocas e nos países colonizados, subdesenvolvidos ou periféricos[25]. É preciso não perder de vista o quadro histórico-social concreto, seus condicionamentos, na apreciação das características de liberdade, espírito crítico e maior ou menor interação entre os cidadãos, tratando a questão, por vezes, de forma genérica e particularizando o caso brasileiro, quando necessário.

Um certo monoteísmo vem marcando as visões do impresso e do eletrônico como opostas e o desvelar-se de um paradigma estético poderia talvez recuperar o saber intuitivo que parece melhor atingir a complexidade da vida humana e fugir à compartimentação do saber científico[26]. Jair Ferreira dos Santos, em recente programa na TV Cultura, afirma que a literatura ainda será um hospital para a doença do automatismo eletrônico. Acrescentamos que o universo literário explicita o tanto que há de crença e de intuição em qualquer tipo de saber, pretensamente científico, exato ou informatizado.

No desenvolvimento de pistas para uma resposta, discutimos alguns itens que costumam opor a cultura livresca à cultura eletrônica: virtualidade, interatividade, hipermídia e hipertexto, procurando analisar simultaneamente as implicações das regras do mercado, numa sociedade regida pelo pragmatismo neoliberal.

Segundo Mário Perniola, não há, necessariamente, uma ruptura entre o mundo impresso e o eletrônico, mas a possibilidade de uma ampliação do imaginário da escrita para todo o campo cultural, caracterizado pelo autor, na atualidade, pelo viés enigmático e barroco: "é a prega que não recusa a explicação, mas a adia, por pensar que a virtualidade abrange maior plenitude do que a actualidade[27]". Sublinha ainda a importância do conhecimento como um desdobrar-se, como explicação, no sentido de desenvolvimento para atingir a dimensão complexa do enigma que nasce do "colapso tanto do passado quanto do futuro, do presente ambíguo e problemático ao máximo grau[28]".

Relativizamos as interpretações do livro impresso como autoritário e linear, bem como a leitura do mundo informatizado como necessária exemplificação da democracia virtual. O pensamento de Certeau, Serres, Perniola, Morin, Deleuze e outros nos guiaram na afirmação de uma compreensão complexa, ligada ao presente e organizadora dos passados disponíveis, aberta a processo que propicie devires que não sejam meras projeções utópicas ou futurísticas. Nem o saudosismo passadista apologista da cultura livresca como detentora do espírito crítico, nem a apologia da rede como emblema democrático. É importante, sobretudo, lembrar que da mesma forma como Dickens facilitou o trânsito em meio às revoluções tecnológicas da era industrial e às relações sociais que produzia, o acesso a uma sociedade onde grande parte dos eventos se produz no ciberespaço dependerá da cultura da interface entendida como possibilidade de visualizar a complexidade contemporânea.

2 - ROBINSON CRUSOÉ: as estratégias da escritura

"Tudo que interessa se passa na sombra, não sabemos nada da verdadeira história dos homens".

Céline

2.1 - A máquina da representação

O período do Renascimento, nas décadas entre 1450 e meados do século XVI, foi propício ao desenvolvimento das técnicas de comunicação, notadamente, à transformação do documento escrito em livro impresso. Este último, sem ser elemento determinante das mudanças que então se processavam, representou um ponto de convergência da técnica, do espírito mercantil e da circulação das idéias humanísticas. Como afirmam Philippe Breton e Serge Proulx[29], graças às técnicas tipográficas, a expansão do livro foi espetacular. Desde a publicação do primeiro livro tipografado, o saltério de Maiença, em 1457, até a viragem do século, em 1500, contam-se mais de 15 a 20 milhões de obras repartidas em 35.000 edições, ou seja, 1.300 livros por dia.

Algumas linhas principais de transformação institucional constituíram as sociedades que emergiram da Europa moderna. Em primeiro lugar, um conjunto específico de mudanças econômicas através das quais o feudalismo europeu foi se transformando, gradualmente, num novo sistema capitalista de produção e de intercâmbio. Em segundo, um processo de mudanças nas numerosas unidades políticas da Europa Medieval que foram sendo reduzidas em número e reagrupadas num sistema entrelaçado de estados-nações, cada um reclamando soberania sobre um território claramente delimitado e possuindo um sistema centralizado de administração e de tributação. Em terceiro, parece claro que a guerra e a sua preparação exerceram um papel fundamental neste processo de alterações políticas.

Como acentua John B. Thompson[30], essas linhas de transformação institucional parecem relativamente mais claras do que o desenvolvimento do domínio "cultural". Em vez de procurar o sentido das transformações culturais na história das mentalidades, comenta o autor que se deveriam examinar, sobretudo, a produção e circulação das formas semióticas. Com o advento das sociedades modernas no último período da Idade Média e início da era moderna, uma transformação cultural sistemática começou a ganhar um perfil mais preciso. Em virtude de uma série de inovações técnicas associadas à invenção da impressão e, conseqüentemente, à codificação elétrica da informação, as formas simbólicas começaram a ser produzidas, reproduzidas e distribuídas numa escala sem precedentes. Os modelos de comunicação e interação se transformaram de maneira profunda e irreversível com o desenvolvimento das organizações da mídia que apareceram primeiramente na segunda metade do século XV e expandiram suas atividades a partir de então, fornecendo uma visão mais pertinente das transformações culturais associadas à produção e à recepção desses produtos.

Por outro lado, além de ver a galáxia de Gutenberg apenas pelo lado da revolução tecnológica, devemos ampliar o campo de visão e relativizá-lo numa Europa sacudida por profundos abalos sociais, econômicos e religiosos. Tais movimentos foram importantes para que o livro adquirisse importância como elemento real da comunicação. Durante a Idade Média, a função do livro era, sobretudo, de conservação, manutenção da palavra sagrada. O texto, sagrado, era indiscutível, ainda que sujeito a comentários. Também os livros utilizados à época, para conversão de moedas, operações numéricas, ligados ao comércio, não possuíam função imediata de comunicação.

A circulação de idéias no Renascimento alterou a postura diante do livro não imediatamente, como veremos ao focalizar o movimento da Reforma. A invenção da imprensa veio ao encontro de um contexto que estava já aberto à leitura que as oficinas de copistas satisfaziam com edições que chegavam a atingir 400 exemplares de uma mesma obra. O germe do mercantilismo no século XV, quando as técnicas bancárias e comerciais começavam a ganhar impulso, será efetivamente desenvolvido com a circulação dos livros. A invenção de Gutenberg mobilizará competências quer técnicas, quer financeiras, e os seus associados serão tanto papeleiros e mercadores de manuscritos, como financeiros e banqueiros[31].

O Renascimento carateriza-se, assim, pelo maior apelo do mundo material negligenciado na Idade Média. Todo um conjunto de gestos mentais orientou-se para o concreto, o realismo e o utilitarismo. O livro impresso irá constituir-se para ampliar estes valores e, ao lado da reprodução dos livros religiosos e das idéias humanistas, vale lembrar a importância do livro técnico.

A modernidade vai substituir a fala divina que, ao final da Idade Média, já começava a não ser ouvida na distância instalada entre as palavras e as coisas. Enquanto o mundo das correspondências a que se refere Foucault[32] deixa de ecoar, a prática da escritura assume valor mítico, organizando os domínios, fazendo a história. Cessa a "prosa do mundo". O século XVI marca o limite da escrita que se encontrava entre as coisas a serem decifradas. O *Dom Quixote* simboliza bem esta perda. A escrita vai tornar-se uma questão de representação. Até o século XVI e início do XVII, como afirma Michel de Certeau[33], o texto sagrado é uma voz, ensina o "querer dizer de Deus", exigindo escuta e recepção. A modernidade vai se inventar no luto desta voz. A identidade depende agora de uma produção interminável que essa perda torna necessária.

Mede-se o ser pelo fazer. Com o desaparecimento do primeiro locutor surge o problema da comunicação: Quem falará? E a quem? O indivíduo perde seu lugar e nasce o sujeito e a noção de autoria.

A invenção do autor como princípio fundamental de determinação dos textos, o sonho de uma biblioteca universal, real ou imaterial, contendo todas as obras já escritas, a emergência de uma nova definição do livro, associando indissoluvelmente um objeto, um texto e um autor constituem algumas das invenções que, desde Gutenberg, transformaram as relações com os textos, conforme sublinha Chartier[34].

Tais relações são caracterizadas por um movimento contraditório. Por um lado, cada leitor é confrontado por todo um conjunto de constrangimentos e regras. O autor, o livreiro-editor, o comentador, o censor, todos pensam em controlar mais de perto a produção do sentido, fazendo com que os textos escritos, publicados, glosados ou autorizados por eles sejam compreendidos, sem qualquer variação possível, à luz de sua vontade prescritiva.

Com a alusão ao modelo da narrativa de Crusoé de Defoe (1719), refiro-me à atividade muito bem delineada por Certeau e que diz respeito à disseminação do livro com a invenção da imprensa: sobre uma página em branco erguer um texto que tem poder sobre a exterioridade. Estrategicamente separado do mundo, o texto a ele retorna no desejo de transformação. É neste lugar que o sujeito se instala na produção da escrita enquanto ordenação. Sublinha ainda Chartier que o livro sempre visou instaurar uma ordem, fosse a de sua decifração, o âmbito no interior do qual deveria ser compreendido ou os interesses das autoridades que o encomendaram ou permitiram sua publicação. Todavia, essa ordenação de múltiplas faces não anulou a liberdade dos leitores e a ameaça a esta estratégia escritural, segundo Certeau, será simbolizada pelas pegadas da personagem Sexta-feira, no livro Robinson Crusoé. Elas indiciam a abertura de toda representação apesar dos esforços em direção a efeitos de real.

Tomo o termo estratégia escritural, portanto, como o cálculo das relações de força que se torna possível a partir do momento em que um sujeito do querer e do poder é isolável de um ambiente. Há, então, a postulação de um espaço próprio capaz de gerir as relações com o distinto. Assim se construíram os discursos da nacionalidade, do econômico ou do científico, sobretudo a partir do Renascimento, com o grande desenvolvimento de novas técnicas e diante do encontro com outras civilizações. Comunicação era aí entendida sobretudo como mensagem de um emissor a um receptor passivo, num esquema imaginário inserido no que Lucien Sfez, em sua *Crítica da comunicação*, denomina teoria da bola de bilhar[35].

Uma das grandes inovações intelectuais do Renascimento consistiu em transformar a "idéia" num objeto de comunicação, um *objeto mental* que passava a poder ser transportado, transferido, enriquecido, verificado, emendado, modificado ou combinado, uma vez que já não estava ligado a um sistema teológico que o normalizava e restringia a sua circulação. Passava a ser possível "trabalhar" as idéias, e o intelectual já não era o comentador do texto sagrado, mas o artífice que descobria as idéias, forjava-as, submetia-as à crítica para fazê-las circular novamente. Por intermédio do livro, a idéia introduzia-se no circuito comercial. Ao adquirir um valor graças às novas técnicas de reprodução e de difusão, a idéia começou a poder ser considerada uma "informação" – conceito aqui entendido como o que é capaz de provocar reflexões e mudanças.

É oportuno colocar, como acentuam Philippe Breton e Serge Proulx[36], a diferença que vai da informação à mensagem, de modo a se discutirem dois tipos de cultura que vem se revezando, sobretudo, a partir do final do Renascimento: uma cultura da argumentação que se utiliza da retórica e da oralidade na qual a pedagogia jesuítica teve papel destacado e um tipo de comunicação da evidência, influenciada pelas ciências exatas e experimentais da qual Descartes foi o grande representante. O pensamento cartesiano inaugurou a era dos autômatos, esses simulacros de homens e de mulheres cuja presença perturbadora marcou todo o século XVIII. O próprio Descartes construiu um tal "ser artificial" com o nome de Francine. A utopia cognitiva de uma nova língua que mediatizaria as relações entre os homens e lhes imporia a evidência da verdade implicava em que os procedimentos de memorização, tradicionalmente ligados à imaginação pessoal, desaparecessem em proveito de suportes formais externos. Implicava igualmente a possibilidade de os parceiros da comunicação já não serem apenas seres humanos, mas quaisquer "seres" aptos a emitir ou receber mensagens formais[37].

Se os modelos da argumentação e da evidência foram emblemáticos de dois tipos de poder exercidos na comunicação social a partir do Renascimento, eles não se desenvolveram sem conflitos e misturas. O exercício da retórica durante as lutas religiosas da reforma e da contra-reforma ou durante a Revolução Francesa contraponteou, com o estímulo à opinião, a cultura da evidência com sua lógica da causalidade: "mau grado as invectivas, no século XIX, do cientismo, isto é, a tentativa de estender o campo de validade da ciência além das suas fronteiras disciplinares tradicionais, e do marxismo, enquanto aplicação da "evidência científica" à sociedade inteira, à sua história e ao seu futuro"[38].

A resistência foi permanente e é este movimento que ainda se espera hoje do espírito crítico e artístico para ressignificar a pseudo evidência da produção tecnológica e sua ideologia da neutralidade, da transparência animada "por exus participativos", como denuncia Silviano Santiago a propósito da construção democrática contemporânea[39].

A escrita sempre foi ambígua em vários níveis, apesar das direções ou definições que lhe assinalaram muitos autores. Apesar do discurso platônico[40] sobre o calar da escrita, o diálogo era permanente no plano virtual. Segundo Rancière, no elogio do discurso dialético, Sócrates já apontava o drama da escrita: simultaneamente "muda e falante[41]".

O imaginário da representação e seu desejo de circunscrição, descrito por Certeau, conviveu, pois, com a aceleração da circulação das mercadorias e dos bens simbólicos, marcando o desejo de cristalizar os fluxos. Tal economia escriturística será desestabilizada, progressivamente, pela indeterminação que tomará conta do discurso científico, notadamente da matemática, da física e da biologia, pelas descobertas que revolucionaram as noções de tempo e de espaço, trazendo transformações que resultaram numa crise das certezas no pensamento europeu ocidental, a partir, sobretudo, da segunda metade do século XIX.

O imaginário de Robinson Crusoé tem, constitutivamente, uma dupla face. Ainda no século XVI e XVII, os místicos dão testemunho da tragicidade escritural. Os discursos sobre a presença de Deus são produzidos a partir de uma separação não aceita. O discurso místico se liga à longa história do desejo do único. Por extensão, toda palavra escrita é efeito de uma ausência, efeito de limiar, de estranheza, de terceiro termo, de saber kafkiano.

Um desdobramento da temática do apagamento de Deus como único objeto de amor é o erotismo amoroso, seja como sucessão de conquistas, seja sobretudo como interrogação sobre o vazio, sobre a impossibilidade de dizer, o único, o divino, o feminino. Este discurso foi freqüente entre os séculos XIV e XVII (Tereza d'Ávila, Agelus Silesius, S. J. da Cruz)[42].

A propósito da historiografia, Certeau comenta a maneira contemporânea de praticar o luto. Ela se escreve a partir de ausências, colocando uma representação no lugar de uma separação. A historiografia começa lá onde se faz o luto da voz, onde se trabalha sobre documentos escritos (gravados, traçados, impressos), no desejo de reformar o mundo. A resistência à estratégia escriturística passa por um desejo de recuperação da voz, "efeito de corpo na língua"[43]. O autor nega, porém, as oposições metafísicas, escritura/oralidade, língua/palavra, ou qualquer valor anterior à diferença. O plural, como também assinala Derrida, é originário: "o livro é o labirinto. Julgas sair dele, e cada vez penetras mais fundo[44]". Ao esforço assinalado pelo mito de Crusoé, contraponteia o espaço de Babel; ao pensamento crítico ordenador, as incertezas; à busca da simplicidade, o incontrolável, como sublinha John L. Casti a propósito do "estudo dos sistemas complexos adaptativos – principalmente os sistemas surgidos das ciências sociais, biológicas e comportamentais[45]".

2.2 - Recepção e apropriações

O questionamento da passagem do impresso ao eletrônico não se efetua sem a discussão do que seja povo, cultura, termos em torno dos quais gira fundamentalmente a temática no que diz respeito à passividade ou atuação do receptor. Povo não é massa a ser manobrada; a cultura não é monolítica na sua produção e recepção; a tecnologia por si mesma não define uma sociedade. Jesús Martín-Barbero[46] assinala a importância do movimento romântico ao iniciar uma revisão do conceito de povo com a valorização dos elementos simbólicos presentes na vida humana. Transforma a pergunta pela cultura na pergunta pela sociedade como sujeito, trilha de releitura que será desenvolvida por Hobsbawn e começa a abrir caminho na América Latina. Neste sentido, foi importante a rebelião estética romântica contra o princípio de autoridade da arte classicista, revalorizando o sentimento e a experiência do espontâneo como espaço de emergência da subjetividade.

Por outro lado, o povo-nação dos românticos enfatizava o lado orgânico formado por laços biológicos, telúricos, naturais, sem história, esquecendo os conflitos que foram travados para a formação das tradições nacionais. Tais fatos ganham caráter mítico e acabam por sublinhar na cultura popular exatamente traços valorizados pela cultura ilustrada: não contaminação pela civilização, falta de comércio com a cultura oficial e, portanto, negação do processo histórico de formação da cultura popular na sua diferença.

Barbero pensa que a idéia de povo gerada pelo movimento romântico será desconfigurada ao longo do século XIX, graças ao trabalho da esquerda, com o conceito de classe social, e, da direita, com o de massa.

O pensamento sobre a cultura se modifica neste momento com a passagem do povo a massa, embora, como adverte Barbero, a sociedade de massas seja bem mais antiga do que afirmam os estudiosos da comunicação, preocupados em fazer da tecnologia a causa da nova sociedade e, decerto, da "nova" cultura. Esta observação é importante, pois vem ao encontro de nossa idéia de atenuar os pontos de ruptura entre o impresso e o eletrônico e acentuar os pontos de continuidade em vários níveis.

Em meados do século XIX, a utopia progressista já se havia convertido em uma ideologia. À medida que as técnicas tornavam-se mais racionais e as riquezas materiais mais abundantes, as relações sociais eram mais irracionais e a cultura do povo mais pobre.

Como assinalou Tocqueville[47], a democracia de massa trouxe embutida a sua destruição, no momento em que a maioria passa a ser um elemento determinante do poder enquanto opinião pública. O que vem a ter importância não é a razão ou a virtude, mas o desejo da maioria, o que nos remete à pergunta sobre igualdade social, política e homogeneização cultural.

Remetendo ainda a Barbero[48], o importante é resgatar as mediações estabelecidas pelos diversos grupos que compõem a massa, com diferentes contextos culturais, religiosos, étnicos e colocar o foco nestes discursos mais do que nos meios.

É nesta linha de raciocínio que criticamos as visões lançadas sobre o futuro do livro que consultam os técnicos e os especialistas, tratando os consumidores como massa uniforme, sem discutir como as inovações técnicas são diferentemente apropriadas. É sintomático desta postura matéria jornalística, em 2000, iniciada com uma ameaça de morte ao livro impresso que estaria na "ante-sala da obsolescência"[49]. As perguntas feitas no segundo parágrafo da mesma reportagem dizem respeito apenas ao aspecto material, técnico e econômico da questão, numa clara remissão aos tempos e ventos neoliberais.

> *"São muitas questões: o livro de papel perderá lugar para o livro eletrônico? E o e-book, capaz de comportar vários livros numa maquininha fácil de carregar, dará fim às publicações? As livrarias cederão lugar para suas concorrentes da Internet? O escritor passará a produzir para Web adotando um novo caminho para a literatura? Respondidas todas as questões deverá começar a surgir o livro do futuro"*[50].

O colocar de lado a questão da recepção do produto e seu uso liga-se a um imaginário de controle que parece não considerar a possibilidade de transformação da globalização capitalista numa globalização democrática[51]. Assistimos à descrição de utilizações ainda utópicas e elitistas das tecnologias em seus "efeitos especiais", sem que haja uma contextualização de seus processos e adaptações às diferentes realidades sociais. A distância entre a promessa e a execução pode ser constatada no site onde Mário Prata produziu seu novo romance on-line: *Anjos de Badaró*. Ao lado dos *links* para informações sobre o autor e visualização dos capítulos, a janela "palpites" introduz as mais disparatadas mensagens de leitores, transformando a prometida interatividade, a sonhada co-autoria, em mentira provisória[52].

Paralelamente a este fato que atesta uma incipiente ou perversa interatividade, temos, voltando ao século XIX, exemplos da intervenção de leitores que mudam o próprio sentido da narrativa como no caso dos *Mistérios de Paris*, de Eugene Sue. O autor que escreveria a obra na perspectiva de um dândi sobre o pitoresco da miséria foi levado a mudar o rumo de seu folhetim no momento em que este foi adotado pelo proletariado. Sue foi levado a investigar mais de perto a vida do operário e percorrer bairros populares instigado pelos leitores que viram na sua escritura uma postura de protesto.

Estas considerações nos incitam a pensar que qualquer generalização a respeito das inscrições dos sujeitos na rede ainda é prematura, a visão do leitor passivo do livro impresso é muito radical e, por outro lado, a própria "atividade" do internauta interativo pode apenas ser decorrência do capitalismo desorganizado, da instabilidade do mercado e das novas tendências à mobilidade, elasticidade e fluxo. As noções de passividade ou atividade não são simples. Deve-se distinguir o fato de que assistir à televisão possa conduzir à passividade da idéia de que a assistência à televisão possa ser em si um ato passivo.

"Mas a passividade é uma característica da televisão ou é uma característica humana? A questão da relação entre televisão e novas tecnologias, em função da audiência ativa ou passiva, deveria ter se formulado em termos muito diferentes. Ou se pergunta que tecnologia pode favorecer a passividade ou quais são as razões que num dado momento histórico fazem com que os sujeitos sociais prefiram a passividade"[53].

Na verdade, os processos de subjetivação num mundo mediado se transformam sem que, necessariamente, o aparato técnico determine um tipo de passividade ou uma interatividade efetivamente ativa e não apenas retórica. Tais reflexões devem ser levadas em conta neste momento de passagem ao mundo eletrônico. Cada vez mais somos alimentados por materiais simbólicos mediados que expandem o leque de opções disponíveis para o indivíduo e questionam a conexão entre sua formação e o local compartilhado. O conhecimento não local se expande, mas é preciso reconhecer que a apropriação deste conhecimento é feita por indivíduos em locais específicos, buscando desdobramentos dependentes de seus interesses e recursos no cotidiano.

John B. Thompson nomeia, a propósito do desenvolvimento dos meios de comunicação, três tipos de interação ("interação face a face", "interação mediada" e "interação quase – mediada"), às quais atribui algumas qualidades e características[54]. A "interação face a face" implicaria num contexto de co-presença no qual produtores e receptores compartilham um mesmo referencial de espaço e de tempo. Seu caráter seria dialógico, pressupondo ida e volta no fluxo comunicacional, o que facilitaria o emprego de uma multiplicidade de deixas simbólicas no auxílio à decodificação. Neste caso as palavras podem vir acompanhadas de toda uma semiologia corporal que clarifica a compreensão da mensagem e reduz a ambigüidade.

Nas "interações mediadas" como cartas e conversas telefônicas, é um meio técnico (papel, fios elétricos, ondas eletromagnéticas, etc.) que possibilita a transmissão da informação e do conteúdo simbólico para indivíduos situados em contextos espaciais ou temporais distintos. Aumenta a ambigüidade da mensagem e restringem-se as deixas simbólicas, como, por exemplo, aquelas associadas à presença física (gestos, expressões faciais, entonação, etc.,) em contrapartida, outras dicas simbólicas se acentuam e os indivíduos têm que se valer de outros recursos para enviar e interpretar mensagens.

O terceiro tipo de interação indicada por Thompson como "quase mediada" refere-se aos meios de comunicação de massa. Sua característica determinante é que as formas simbólicas são produzidas para um número indefinido de receptores potenciais. Para o autor, tal tipo de interação é monológica, ao contrário das anteriores, qualificadas como dialógicas.

Discordamos da avaliação do autor sobre o caráter monológico das mensagens de massa pelo fato de não implicarem em resposta direta e imediata, embora reconheçamos que tal julgamento seja por ele atenuado, posteriormente, quando se ocupa da capacidade de reflexão dos receptores que podem alternar outras formas de interação no processo de decodificação. Thompson vê como positiva a própria situação em que o *self* é absorvido numa identificação com a mensagem mediada, como acontece nos processos de "tietagem". De qualquer forma, pensa ele, há uma ampliação do campo da experiência no espaço e no tempo e não apenas, como opinam obras associadas ao pós-modernismo, uma desconstrução do *self*, que perderia unidade e coerência.

Referindo-nos ao livro eletrônico nas suas diversas modalidades, seria necessário acrescentar, aos tipos de mediação discutidos por Thompson, a interação presente nesta etapa da comunicação via computador. Adiantando discussões que se seguirão, diremos que tudo dependerá da qualidade da recepção e da utilização da potencialidade técnica, sem o que haverá a possibilidade de não ocorrer real interatividade, mas o emprego da técnica pela técnica e o empobrecimento da interação simbólica, numa capa estetizante, o que será discutido na avaliação do encontro arte/técnica.

2.3 - Sobre a prática da leitura

A virtualidade, a abertura da escrita, a relativização de sua influência, seja ordenatória, seja subversiva, é ilustrada por Carlo Ginzburg com seus comentários sobre Menocchio, moleiro italiano perseguido pela inquisição no século XVI. Através dos autos dos processos abertos à época, algumas páginas escritas pelo moleiro e informações sobre suas leituras, pode-se obter um quadro do que poderia oferecer a cultura das classes subalternas com acesso à escrita em termos de singularidade. As respostas de Menocchio aos inquisidores dão a medida de como ele lia, interpretava e alterava o que lhe chegava às mãos (bíblias apócrifas, livros de viagens, *o Decameron*). Carlo Ginzburg demonstra a ambigüidade do conceito de cultura popular nas sociedades pré-industriais, seja como adequação aos subprodutos culturais das classes dominantes (cordel), seja como produção autônoma, seja como estranhamento absoluto frente à cultura hegemônica. À atribuição das etiquetas de anabatista, herético ou luterano ao moleiro, Ginzburg preferiu atribuir a originalidade e subversão do pensamento do moleiro a um choque entre a cultura oral e a escrita, misturando obscuras mitologias camponesas, radicalismos religiosos, naturalismos tendencialmente científicos e aspirações utópicas de renovação social, remetendo a uma circularidade cultural[55].

O depoimento do autor dá testemunho do período de transição que se estende da invenção da imprensa até finais do século XVI. A par da pregnância do imaginário religioso medieval que se mantém, do inoperante comércio que não queria correr riscos editoriais, das questões ligadas à divulgação das línguas clássicas e do titubear das línguas nacionais, casos como o de Menocchio demonstravam o trabalho da inquisição contra os pensamentos heréticos que acessavam textos proibidos.

Robert Darnton[56] cita ainda, a propósito do exercício de leitura, o caso de Jean Ranson, leitor da classe média abastada no século XVIII. Ranson não só lia Rousseau, como incorporou suas idéias, escrevendo ao autor um sem número de cartas, quando do aparecimento de *La Nouvelle Heloise*. A relação texto e vida dos leitores, embora não fosse definitiva ou determinante, foi documentada por historiadores do livro e podem auxiliar a acabar a leitura como fenômeno social.

A História da leitura vem sendo tentada por diversos autores a partir do registro dos leitores, sem que se tenha chegado a dados definitivos. O estudo de quem lê o quê, nas diversas épocas, tem sido realizado de forma macro e microanalítica. A macroanálise floresceu, sobretudo, na França, onde se desenvolveu poderosa história quantitativa através do "depôt" legal, dos registros de direito do livro e da publicação anual da Bibliographie de France. Através de seus gráficos podem-se observar o declínio do latim, a ascensão da novela, o fascínio pelo imediato da natureza e pelos mundos exóticos, entre a época de Descartes e de Bougainville. Para os alemães, a ponte primordial eram os catálogos das feiras de Frankfurt e Leipzig entre meados dos séculos XVI e do XIX.

O mundo da leitura em inglês também oferece material importante no período posterior a 1557, quando Londres passou a dominar a indústria da impressão, traçando a evolução do comércio do livro.

Estes e outros tipos de compilação propiciaram algumas informações sobre o hábito de leitura, mesmo que generalizantes. Faltou um refinamento das categorias de classificação que possibilitasse o desenvolvimento comparativo da leitura nos diferentes países. Em todo caso, em pouco mais de 200 anos o mundo da leitura foi transformado. A ascensão da novela contrabalançou um declínio da literatura religiosa quase sempre em torno da segunda metade do século XVIII, especialmente na época do Werther de Goethe, que provocou uma resposta mais espetacular do que a *Nouvelle Heloise* na França ou *Pamela* na Inglaterra. É o surgimento de um novo público leitor.

Por outro lado, a microanálise, afirma ainda Darnton[57], pode pecar pelo excesso de detalhes. Assim, uma biblioteca particular pode servir para traçar um perfil do leitor e discutir dados trazidos pela análise quantitativa. Os registros notoriais de livros, por ocasião de inventários, permitiam descobrir, por exemplo, que embora muitos segmentos sociais não possuíssem livros, ainda em 1789 quase todos os empregados domésticos podiam assinar seus nomes nos inventários.

Outras fontes eram fornecidas pela lista de subscrição e pelas bibliotecas de empréstimo. A lista de subscrição permitiu a publicação de livros do final do século XVIII ao início do XIX, referindo-se a leitores em sua maioria de classes abastadas. Essa fonte não possuía muita precisão porque era comum deixar de lado o nome de muitos subscritores, incluindo alguns que atuavam como patronos e não como leitores. Neste sentido, os registros das bibliotecas de empréstimo ofereceram melhores condições para o estabelecimento de conexões entre os gêneros literários e as classes sociais, mas poucos deles sobrevivem.

A dificuldade da microanálise provém, portanto, da diversidade das fontes e do número de contradições que contêm.

Até agora, segundo Robert Darnton[58], apenas um modelo geral de avaliação foi proposto por Ralf Engelsing no final do século XVIII, mas os resultados e conclusões a propósito da revolução na leitura permanecem insuficientes em termo de avaliação da intensidade ou extensidade. Em todo caso, para ele, o final do século XVIII pode ser considerado um marco pela emergência de uma leitura de massa que iria atingir proporções gigantescas no século XIX com o desenvolvimento do papel feito à máquina, as prensas movidas a vapor, o linotipo e uma alfabetização quase universal. Estas mudanças abririam novas possibilidades, não diminuindo a *intensidade*, mas aumentando a variedade.

O "onde" da leitura também foi um dado a ser considerado para a compreensão de sua experiência. A leitura dos in-folio feita pelos estudantes em pé, à época do humanismo clássico, não era nada confortável. Em quadros de um século e meio mais tarde, como "La Lecture" e "La Liseuse", de Fragonard, os leitores estão reclinados em canapés, com pernas apoiadas em banquinhos. Para a compreensão da leitura é, portanto, útil a meditação sobre sua iconografia e seus equipamentos, incluindo mobília e vestuário.

A presença do elemento humano no cenário também afetava a compreensão do texto. Para as pessoas comuns, no início da Europa moderna, a leitura era uma atividade social. Ocorria nos locais de trabalho, nos celeiros e nas tavernas. Era quase sempre oral, mas não necessariamente doutrinadora. Até hoje muitas pessoas tomam conhecimento das notícias através da leitura de um locutor de televisão. A televisão pode, assim, ser menos um rompimento com o passado do que se supõe.

Havia, ainda, os clubes de leitura, desde o século XVIII, uma versão mais séria do café, também da mesma época, onde, a partir de jornais e revistas, se criavam oportunidades para discussões políticas. Segundo Darnton, embora consigamos dados sobre o "quem", o "que", o "onde" e o "quando" da leitura, os porquês e os comos nos escapam.

Ainda não descobrimos as estratégias dos processos internos de compreensão das palavras, apesar dos esforços de psicólogos e neurologistas para compreender o modo de produzir sentido dos chineses e seus idiogramas, a leitura linear dos ocidentais, a leitura tátil dos cegos, etc. Darnton[59] propõe cinco níveis que seriam importantes para a compreensão de nossa cultura, que passo a transcrever.

1 - A importância da postura corporal para a leitura sadia a partir do século XVIII, já que antes era considerada exercício espiritual. Quanto mais se recua no tempo, pensa o autor, mais distante se fica da leitura instrumental. Era comum a preocupação com a qualidade física dos livros.

2 - A maneira como a leitura era ensinada na Inglaterra do século XVII. Margaret Spufford descobriu que grande parte do aprendizado ocorria fora da escola, em oficinas e nos campos, onde os trabalhadores ensinavam a si mesmos e uns aos outros. Dentro da escola, as crianças inglesas aprendiam a ler antes de aprenderem a escrever, em vez de aprenderem as duas atividades concomitantemente. Os textos religiosos com recitação eram a tônica.

A leitura era com freqüência o reconhecimento de algo já conhecido, em vez de nova aquisição de conhecimento. De um modo geral, o processo educacional entre os séculos XVII e XVIII variou bastante, em vários níveis, e é difícil para os historiadores fazerem registros precisos.

3- O exame de relatos autobiográficos como os de Santo Agostinho, Santa Teresa de Ávila, Montaigne, Rousseau e Stendhal e fontes menos familiares, como, por exemplo, narrativas de viajantes comuns como o vidraceiro Jacques-Louis Ménétra que, em forma picaresca, misturou a tradição oral, pequenas novelas da literatura popular (*bibliothèque bleue*), versos burlescos e farsas. Embora tal narrador não tivesse entrado para a República das Letras, demonstrou que a literatura tinha lugar na cultura do homem comum.

4- Os aportes da teoria literária que sob varias denominações e rótulos – estruturalismo, desconstrução, hermenêutica, semiótica, fenomenologia – preocuparam-se com a reação do leitor como ponto-chave da análise literária. Tais correntes não colocam o leitor fora da narrativa, mas consideram-no participante da mesma, explícita ou implicitamente.

5- Ainda como uma quinta possibilidade, o autor aponta a bibliografia analítica, ou seja, o estudo dos livros como objetos físicos (tipo de edição, formato, estrutura tipográfica, etc). Assim, passar dos volumes *in-quarto* para os volumes *in-oitavo* é transferir-se da Inglaterra elizabethana para a georgiana. O leitor implícito do autor torna-se o leitor implícito do editor.

A organização física dos textos foi fator de observação e especulações. Se não sabemos como os romanos liam Ovídio, podemos supor, pela falta de pontuação dos versos e falta de espaço entre as palavras, que as unidades de significado estavam mais próximas dos ritmos da fala do que as unidades tipográficas – prefixos, palavras e linhas – da página impressa. A página como unidade do livro data do terceiro ou quarto século d.C. Antes disso, tinha-se que desenrolar o livro. Quando o códex substituiu o rolo, os leitores tinham facilidade para movimentar-se na leitura, embora durante muito tempo ela fosse sobretudo oral. Em momento indeterminado, talvez em mosteiros do século VII e nas universidades do XIII, começou a leitura silenciosa. Esta mudança foi talvez maior que a mudança para o texto impresso, já que antes da invenção do tipo móvel os livros já eram organizados de forma semelhante.

Assim, embora tenhamos algumas indicações do processamento da leitura, apenas podemos fazer conjecturas sobre as diferentes etapas por que passou de acordo com as culturas e repertórios.

2.4 - Em torno de Gutenberg e da Modernidade

Nos cinqüenta anos depois de 1455, quando Gutenberg aperfeiçoou a imprensa de tipos móveis, a revolução da imprensa varreu a Europa, mas os livros impressos nos primeiros cinqüenta anos – os incunabula – reproduziam os mesmos textos que os monges costumavam copiar à mão: tratados religiosos e os escritos que restaram da Antigüidade. Os textos em língua vulgar eram uma minoria e tratava-se sobretudo de reedições[60].

Este panorama vai mudar e a imprensa será importante na divulgação do movimento reformista e na disseminação da heresia, de modo impossível anteriormente. Como sublinha Ciro Marcondes Filho:

> *"O aparecimento da Reforma, as dissidências do calvinismo sinalizavam a impossibilidade de controlar comportamentos que se afirmavam independentemente da voz centralizadora da Igreja. O desenvolvimento do capitalismo exigia para sua expansão autonomia em relação a qualquer poder terreno*[61] *".*

Nos primeiros cinqüenta anos Pós-Gutenberg, dos sete mil títulos publicados em 35 mil edições, pelo menos 6.700 eram títulos tradicionais. A Imprensa apenas tornava disponíveis a preços menores os produtos tradicionais da informação e comunicação.

Apesar dos seus primeiros êxitos, o pensamento humanista não ia conquistar imediatamente todos os sufrágios. O ensino ainda permaneceu, durante muito tempo, nas mãos dos eclesiásticos, que tinham como ponto de referência os temas dominantes da cultura medieval. Obrigados a descobrir modos de expressão eficazes fora das instituições tradicionais, foram os próprios humanistas que fizeram circular as suas idéias. Os livros e as bibliotecas, as conferências e as trocas por ocasião das viagens constituíram, nessa época, uma verdadeira *universidade informal*, destituída de um centro aparente, vivendo exclusivamente da circulação efetiva das idéias e, conseqüentemente, do seu enriquecimento constante.

Uma das figuras centrais do humanismo renascentista, como bem acentuam Philippe Breton e Serge Proulx[62], o filósofo Erasmo retirou a sua originalidade da circunstância de ser, num sentido moderno, um homem de comunicação. A sua atividade de correspondência, de intercâmbio epistolar, ocupou uma grande parte do seu tempo. Publicou, em 1522, um livro sobre as regras do gênero epistolar, que foi o primeiro manual, nesse domínio, de comunicação prática.

Erasmo foi o protótipo do intelectual que fez circular as suas idéias e as enriqueceu por intermédio de um confronto exigente com as de outros. As regras da "República das Letras", descritas na mesma época por Thomas More na sua *Utopia*, refletem igualmente essa particularidade do meio dos humanistas que consistia em constituir "redes" informais de amizades intelectuais. As regras implícitas de comunicação entre os membros dessas redes constituíram, sem dúvida, a matriz das concepções modernas sobre comunicação[63].

Com a chegada da Bíblia de Lutero, houve verdadeiras transformações no campo social. A nova mídia foi usada para restaurar a religião no centro da vida industrial e social, causando um século e meio de reforma religiosa, revoltas e guerras.

Paralelamente, Maquiavel escrevia e publicava *O Príncipe* (1513), o primeiro livro ocidental em mais de mil anos que não continha nenhuma citação bíblica ou referência clássica. Cresceu o número de obras seculares e não demorou que surgisse na Inglaterra o teatro moderno. Instituições sociais novas surgiram apontando para a complexidade contida no bojo das revoluções técnicas: a ordem jesuítica, a infantaria espanhola, a primeira marinha moderna e finalmente o Estado nacional soberano. A revolução de Gutenberg seguia a mesma trajetória que a Revolução industrial seguiria trezentos anos depois, e que hoje segue a Revolução da Informação. As revoluções técnicas sempre terão repercussões diversas nas diferentes partes do mundo, de acordo com as mais diversas implicações de sua recepção social.

No Brasil, a economia escriturística dos centros hegemônicos se desenvolve praticamente sem resistências em todo o período colonial, sobretudo devido ao ensino Jesuítico e a uma sociedade de tipo escravista ou feudal, composta de senhores, escravos e servos. Segundo Nelson Werneck Sodré[64], este panorama só se modifica no século XVII com o aparecimento da camada intermediária da pequena burguesia no apogeu da mineração, quando o Rio passa a ser a sede do governo colonial e quando Pombal expulsa os jesuítas. Desta camada surgem os intelectuais com as reivindicações da ideologia burguesa em ascensão e a transplantação dos valores estéticos europeus. Por aí, também se constituirá um público para as artes.

Até a reforma Joanina, entretanto, a instalação das primeiras tipografias e os movimentos de autonomia, a referência continuava a ser a metrópole. Vale dizer que no século XVIII as tentativas de instalar tipografias foram abortadas e que, mesmo no século XIX, a Imprensa Régia funcionava na inteira dependência do governo da metrópole. Próximo à Independência, outras tipografias surgiram com um grau maior de liberdade, embora seus jornalistas e produtores dependessem das classes dominantes.

Após a autonomia, a coisa mudou, mas nem tanto. O movimento romântico, por exemplo, vai mitificar a natureza e o índio sem praticamente mexer com o negro, com a honrosa exceção de Castro Alves, já que a classe dominante era ainda escravagista. Vale lembrar aqui a opinião de Carlos Nelson Coutinho[65] ao comentar as idéias fora do lugar de Schwartz sobre a importação de idéias capitalistas num regime colonial pré-capitalista, atendendo a interesses da burguesia.

O livro impresso e a imprensa estavam inscritos no movimento de demarcação do poder da metrópole e esta inscrição condicionava o fluxo das mercadorias (bens simbólicos incluídos). Apenas após a Segunda Guerra estabeleceu-se realmente um processo de apropriação do nacional através da produção editorial para um público que se formava. Para tal, contribuía o estímulo à produção interna e ao comércio proporcionado pelas duas guerras que nos liberaram da influência inglesa, logo substituída, entretanto, pela interferência americana. Éramos até então predominantemente o outro do esquema capitalista escriturístico a que alude Certeau: receptores passivos de uma cultura transplantada, embora o movimento barroco no século XVII já fale de toda uma produção que, na sua estética excessiva, já produzia uma heterogênese. Neste sentido, é interessante a leitura do livro *O peregrino da América*, de Nuno Marques Pereira[66].

O parêntese sobre a dinâmica histórica nos traz ao presente. A discussão sobre o par identidade/emancipação prossegue em tempos de globalização, com projetos de uma nova democracia descentrada, alimentada pela metáfora da comunicação como organismo[67] que assume agora dimensão macro na criação de utopias como a do Cibionte, a da Cosmopédia a que faremos referência a seguir.

Perguntamo-nos sobre os caminhos de emancipação possíveis hoje. O reconhecimento da complexidade é um desafio permanente que deve nos manter abertos ao "inumano" do sublime e do indizível a que se refere Lyotard[68] e não ao "inumano" do desenvolvimento através de uma desreferência administrada pela sedução da rede pela rede: poder Microsoft acoplado à retórica sofística no seu viés negativo.

O pensar/escrever humano não é binário. Não trabalha com unidades de informação apenas, mas por figurações intuitivas e hipotéticas. A decepção com o "pensamento sem corpo" das inteligências artificiais provém do fato de as operações serem efetivadas em lógica binária, aquela que se impôs com a lógica matemática de Russell e Whitehead, a máquina da Turing, o modelo neuronal de McCulloc e Pitts, a cibernética de Wiener e Von Neumann, a álgebra de Boole ou a informática de Shannon.

3 - BABEL E A VETORIZAÇÃO ELETRÔNICA

3.1 - A abrangência do literário

> *"Não há fins, termos, limites ou muralhas que nos possam usurpar a multidão infinita das cousas ou privar-nos dela".*
>
> Giordano Bruno

O mito de Babel encarna uma resistência à economia escriturística, naquele exato momento no qual, para Jacques Rancière,[69] se constitui a literatura como o modo do discurso que recusa a mentira pura e simples da mímese com sua pseudotransitividade, levando à discussão sobre a verdade ou falsidade da escrita. Com esta definição do literário, perguntamos sobre a passagem de um discurso predominantemente ordenador e transparente, encenado no mito de Robinson Crusoé, criador de identidades, à afirmação do mito da escrita babélica que atualiza permanentes devires e maior abertura, sobretudo a partir da segunda metade do século XIX, quando se transforma e se acelera o imaginário contemporâneo. No campo do livro impresso, na literatura mais precisamente, se acentua um espaço que prenuncia algumas das características que se atribuem hoje ao livro eletrônico: importância do receptor, maior interatividade, etc.

Sugestivamente, o mito de Babel questiona o poder dos homens e de suas linguagens, como relata o texto bíblico. Um dia disseram uns para os outros: "Vinde façamos ladrilhos e cozamo-los no fogo (...).

Vinde façamos para nós uma cidade e uma torre cujo cume chegue até o céu e façamos célebre o nosso nome antes que nos espalhemos por toda a terra"[70]. O Senhor contemplou aqueles homens, refletiu sobre os desígnios do projeto (eis aqui um povo que não tem senão uma mesma linguagem) e decidiu instalar a confusão entre as línguas, impedindo o exercício do poder despótico. Ao falar do livro impresso, tomo o texto literário como emblemático desta abertura e desconstrução, uma positivação de Babel, um exercício de virtualização que Lévy bem denomina virtualização da virtualização[71].

Embora grande parte dos textos literários não tenha feito mais que reproduzir o paradigma científico com pretensões de identidade, a técnica da impressão e a narrativa linear não impediram sistematicamente a geração do hipertexto no organismo complexo inventado no encontro autor/texto/leitor. Mesmo que a interatividade não seja imediata, ela pode ser mais forte num tempo dilatado.

Em diferentes contextos históricos, as relações subjetividade/ socialidade, escrita/saber, arte/informação, real/virtual desenharão certezas e desconstruções. O livro impresso participará da organização dos saberes, tanto quanto da revolução contra os mesmos; ele é assentamento do "real" e produz desde sempre atualizações do virtual no processo da recepção. Talvez o exemplo mais nítido, como vimos, seja a Reforma.

A preocupação com o destino do livro, paralela ao mal-estar provocado pelo espírito de homologação e instantaneidade da cultura de massa, nos leva a afirmar com Mário Perniola[72] a necessidade de se refletir sobre o caráter essencialmente "enigmático" da literatura que, deixando de se referir à cultura livresca, se espalha pela cultura contemporânea em tempo de informática, movendo-se num âmbito oposto ao do uno e da identidade. Enigma que não envolve o desvelamento de segredos, mas desdobramentos e devires. Segundo o autor, o fato discriminante não intercorre entre ler um livro e o ver uma imagem eletrônica, mas entre um tipo de fruição diferida no tempo, crítica, e uma fruição simultânea e homologadora[73].

Com a positivação do mito de Babel, fazemos, via literatura, uma ponte para o livro eletrônico, ou melhor, para o texto eletrônico entendido fora dos limites do livro no seu formato físico, remetendo à discussão das potencialidades de transformação dos mecanismos de poder a partir do descentramento reforçado pela rede, o virtual, a hipertextualidade e a interatividade.

No traçado que liga o impresso e o eletrônico, o elo literário é passagem e continuidade entre os dois pólos. Dou prioridade ao livro ficcional, entendendo literatura de forma sistêmica e funcional, levando em conta a evolução de outras mídias que a envolvem e nela interferem. Assim os Estudos literários tornam-se um ramo dos Estudos da Mídia e dos Estudos Culturais, no intento de verificar como estes meios têm apelado para a reorganização do mercado de bens simbólicos de um lado, e de outro, para o reposicionamento de hierarquias na prática cultural[74].

Para Luís Costa Lima, a literatura entra no domínio dos meios massivos com a evolução da tecnologia da impressão, métodos e políticas de educação na segunda metade do século XIX[75]. A evolução das técnicas de produção e circulação do livro impresso levanta a questão da homogeneização e da democratização da massa a que já fiz referência. A dupla face da comunicação: controle e emancipação.

É inegável a pressão da modernidade sobre o imaginário do livro impresso, impeditivo, para muitos, da rapidez da divulgação, da democratização dos saberes. A estrada de ferro, a fotografia, o primeiro uso da comunicação telegráfica por eletromagnetismo modificam a percepção do mundo externo, propiciando tanto a visão panorâmica quanto a experiência de choque do imediato, da urgência e da descontinuidade. A influência do jornalismo no pensamento humano se totaliza: "a humanidade escreverá seu livro dia a dia, hora a hora, página a página; o pensamento se disseminará no mundo com a rapidez da luz; (...) ela não terá tempo de amadurecer, de se acumular sob a forma de livro; o livro chegaria muito tarde: o único livro possível a partir de agora é um jornal"[76].

É neste momento que surge o folhetim, escritura diretamente articulada com os leitores de jornal, com características diretamente ligadas ao tipo de veiculação dos periódicos. A demanda popular e o desenvolvimento das tecnologias de impressão vão fazer das narrativas o espaço de decolagem da produção massiva. O folhetim caraterizou-se, então, como o primeiro tipo de texto escrito no formato popular de massa. Fenômeno cultural mais que literário, apresenta-se como lugar para se estudar um novo meio de comunicação dirigido às massas e um novo modo de comunicação entre classes, como já foi abordado a propósito da recepção dos *Mistérios de Paris*, de Eugene Sue, embora tais relações tivessem evoluído de um romantismo social inicial a posturas reacionárias, passando por ajustes aos requisitos industriais. Barbero acentua a importância da análise do folhetim como fato cultural, fugindo-se assim da ideologia elitista que o considerou subgênero e fracasso literário. Tal leitura pode ser útil para pensar alguma literatura produzida on-line. "Propor o folhetim como fator cultural significa, de saída, romper com o mito da escritura para abrir a história à pluralidade e à heterogeneidade das experiências literárias[77]".

A possibilidade de situar o literário no espaço da cultura passa pela inclusão dos processos e práticas da comunicação, levando em consideração o lugar da enunciação e o da recepção num meio em que a estrutura do livro, sua dignidade e aura sofrem as injunções da produção/recepção semanal dos fascículos, as pressões da lógica empresarial, implicando transformações no modo de escrever, no modo da leitura e nas relações escritor/leitor.

É a partir da dialética entre escritura e leitura, afirma ainda Barbero, que se pode melhor compreender o funcionamento de qualquer folhetim. Tal dialética incorpora o mundo do leitor em vários níveis que buscam atender o universo cultural do popular. Os dispositivos de composição tipográfica falam do comerciante, mas também do público a que se dirigem, estimulando o desejo da leitura, e esta é uma questão fundamental na apreciação dos novos meios de comunicação e dos dispositivos que concretizem as mediações, facilitem a democratização, sem nivelar por baixo na atualidade. O fenômeno Harry Porter, no campo infanto-juvenil, entre outros, prova que tais químicas são possíveis.

A fragmentação da leitura, em diversos níveis, uma das características do folhetim, obedecia às possibilidades temporais de leitura próprias a um público não cultivado. Foi o sentimento de duração que permitiu ao leitor popular passar do conto para o formato mais complexo do romance. Por outro lado, a estrutura aberta, a escrita em episódios permitiam ao leitor, através de cartas, incorporar a ficção com a sensação de participação, dado fundamental nas telenovelas latino-americanas ainda hoje. O suspense participava deste mesmo imaginário de seduzir o leitor e talvez explique, hoje, o sucesso das narrativas policiais.

A arte, então, começa a sofrer a perda de sua aura com a reprodutibilidade técnica, indicando todas as misturas posteriores em que alta, média e baixa culturas passam por um processo de reconfiguração, influenciado em seguida pelos meios audiovisuais. O cinema tipo Hollywood, a televisão, o vídeo alteram a percepção espaço/temporal, a noção de futuro, no fluxo intensivo da instantaneidade de um contínuo de imagens na tela iluminada.

Paradoxalmente, o predecessor do que chamamos fluxo encontramos na literatura de vanguarda. Proust vai permitir dar rédea solta ao monólogo interior, articulando fragmentos da memória com flashes do presente, pedaços de discursos retirados do jornal ou inventados, todos adensando a fugacidade do tempo.

Simultaneamente, T. S. Eliot e James Joyce, com profundo conhecimento teológico, dissolvem a economia escriturística na ironia e no encantamento verbal. Ítalo Calvino aponta uma crescente tendência à multiplicidade, fazendo uma apologia do romance como grande rede.

"Quem somos nós, quem é cada um de nós senão uma combinatória de experiências, de informações, de leituras, de imaginações? Cada vida é uma enciclopédia, uma biblioteca, um inventário de objetos, uma amostragem de estilos, onde tudo pode ser continuamente remexido e reordenado de todas as maneiras possíveis"[78].

O sonho de Mallarmé, segundo Arlindo Machado, era dar forma a um livro integral, um livro múltiplo que já contivesse potencialmente todos os livros possíveis.

"Uma máquina poética, que fizesse proliferar poemas inumeráveis; ou ainda um gerador de textos, impulsionado por um movimento próprio, no qual palavras e frases pudessem emergir, aglutinar-se, combinar-se em arranjos precisos, para depois desfazer-se, atomizar-se em busca de novas combinações"[79].

Afirma ainda Calvino que, se tivesse de apontar quem na literatura realizou perfeitamente o ideal estético de Valery da exatidão de imaginação e de linguagem, construindo obras que correspondem à rigorosa geometria do cristal e à abstração de um raciocínio dedutivo, diria, sem hesitar, Jorge Luís Borges[80].

O espaço da "Biblioteca de Babel" nos leva ao diálogo com o livro eletrônico e a realidade virtual proporcionada pelas novas tecnologias, marcando o traço de união entre os dois mundos. O hiato/ponte entre o impresso e o eletrônico encontra nas idéias do grupo literário Oulipo, criado por Rymond Queneau, um lugar de reflexão. O grupo integrado por Ítalo Calvino, Harry Mathews, François Le Lionnais, Georges Perec, entre outros, produziu manifestos que deixam claro o entendimento da criação textual como trabalho de experimentação, multiplicação numérica de possibilidades que exigem o máximo de controle e não a espontaneidade que parecia ser a marca da criação estética. Segundo os autores, a idéia de naturalidade já pressupõe estar inserido no contexto cultural e, pior, ignorar este pertencimento. Natural é a cultura que nos cerca e reproduzimos inconscientemente. Tal visão leva a positivar as possibilidades oferecidas pela criação em rede desde que se evite experimentalismo estéril[81]. De qualquer forma, com a mediatização eletrônica interiorizada na percepção humana, efetua-se a travessia de uma ponte que, há muito, vinha sendo construída.

Benjamin vislumbrara pioneiramente as relações entre as mudanças tecnológicas e o novo "sensorium". A arte e sua inscrição sempre estiveram antenadas para o novo especialmente a partir da modernidade e da pregnância dos dados técnicos – a velocidade, o dinamismo – inseridos no quotidiano, articulando matéria e imaginação, sobretudo, com a Segunda Revolução Industrial nos fins do século XIX.

No início do século XX, a reflexão sobre a mecanização não se restringirá mais à discussão das questões sociais, mas suscitará, como sublinha Guillermo Giucci[82], uma filosofia da tecnologia em torno da velocidade, do progresso, do espiritualismo e da mecanização. A potência mecânica, encarnada, sobretudo no automóvel, à época do futurismo de Marinetti, multiplica os poderes do homem e sublinha um processo de transformação do estatuto do corpo, diluindo as fronteiras entre o natural e o artificial em direção às próteses mais sofisticadas dos tempos atuais, com transplantes e nanotécnicas. É significante a insistência na utilização de gigantes míticos, como Titãs, Cíclopes, Hércules, para simbolizar tal força sobrenatural. É já o imaginário da desmesura, o sublime tecnológico que hoje se nomeia com alusões maquínicas, sem analogia com as figuras mitológicas tradicionais ligadas às forças da natureza. Depois de Frankenstein, máquina mortífera, surgem no contemporâneo o personagem Cibionte, como o cérebro global em mutação, a Cosmopédia, cidade do pensar híbrido, e outras figuras da tecnologia.

A tecnologia cibernética só faz desenvolver, na sua vertente otimista, as qualidades da máquina como instauradora de uma ruptura, ou de uma reorganização do passado a partir dos novos códigos. O artista compete com as máquinas; arte, indústria e tecnologia se misturam na criação estética. Prova disso foi o equívoco ocorrido na alfândega dos Estados Unidos com o *"Pássaro do espaço"*, de Brancusi, que foi tomado como contrabando de peça industrial.

Para Benjamin, pensar a experiência da modernidade era dar passagem ao que emerge, na história, com as massas e a técnica, era pensar a produção artística contextualmente, num tempo em que as coisas são percebidas de forma mais próxima, dispersa e múltipla. Esboçava-se uma teoria da recepção e as bases para uma compreensão sócio-histórica das tecnologias, em especial, das que Benjamin considerava estratégicas na configuração da cidade moderna: as imagéticas. Neste sentido, a tecnologia seria menos o domínio da natureza pelas máquinas do que o desenvolvimento da informação e da comunicação do mundo como imagem, considerada esta em toda a sua energia e complexidade simbólica.

As articulações entre as potencialidades das novas descobertas tecnológicas e fatores econômicos, políticos e culturais se dão através de alguns estágios. A partir do século XVI, o intercâmbio de conhecimento, que se realizava sobretudo através da difusão restrita de textos, começa a sofrer mudanças econômicas e comunicativas com a introdução da indústria e do mercado, num movimento que não se detém até hoje. É emblemática a redução do tempo da produção ao consumo do fato à informação, de que o telégrafo, o telefone e o rádio dão depoimento. Outro dado importante foi o incremento da representação visual do conhecimento da informação com a fotografia, o cinema e a televisão. A etapa da Internet e da telemática sintetiza os produtos anteriores em interfaces.

Às perguntas apocalípticas sobre o futuro da escritura e do livro ou a chegada da democracia virtual, a partir da aparição de novas formas de telecomunicação, respondemos com o argumento da continuidade e diferença que paradoxalmente se somam e alternam no tocante ao mundo de Gutenberg e ao ciberuniverso. Assim, por exemplo, o site Internet Amazon mostra como a maior livraria do mundo é virtual e promove o universo da escritura.

Por outro lado, o tão falado hipertexto, como sublinhou Barthes em S/Z, sempre existiu na remissão constante de um livro a outro através do repertório dos leitores[83]. O texto plural com suas muitas entradas se dinamizava pelo trabalho do leitor, marcando assim uma continuidade com o texto eletrônico, no que toca à hipertextualidade.

Casalegno[84], discutindo os destinos do livro impresso e o eletrônico, chama atenção para o que significa abertura e liberdade e o que apenas marca um desenvolvimento pragmático da técnica em termos, por exemplo, de velocidade e quantidade de informação. A possibilidade de o criador produzir e divulgar um texto sem passar por conselho editorial é uma reconhecida vantagem com a qual concordamos, por quebrar hierarquias[85]. A hipermídia e o enriquecimento do suporte livro pela via cinética e pela sonoplastia são outras vantagens. Entretanto, muitos dos exemplos apontados pelo autor como de grande importância em termos interativos não correspondem a reais novidades. Um deles é a criação coletiva efetuada por um grupo de pessoas no projeto Cyberfiction, no Quebec, em que é proposto um tronco de romance, desenvolvido a várias mãos no que se refere ao texto, ao som e às imagens[86]. Ora, os laboratórios de criação já fazem isso, sendo diversa, apenas, a forma do contato, que é direta.

Um gênero que ele propõe como mais radical é o texto escrito por um número infinito de internautas numa linha que se aproxima do que Lévy chama de inteligência coletiva. Embora reconheçamos o dado coletivo como válido, duvidamos da efetiva inteligência dos resultados. A interação, no caso, é feita a partir de um capítulo publicado on-line e o processo pode ser utilizado para criação de "logiciels" mais performáticos, que somam experiências de vários engenheiros. Talvez este último dado venha a ser determinante pela pluralização dos "softs".

Casalegno ainda assinala outras modalidades de criação que suscitariam uma participação ativa do leitor, criando vidas virtuais em que uma encarnação estética é articulada através da criação de diferentes personagens. Sem dúvida, um aspecto lúdico encontrado também em laboratórios teatrais. O hipertexto representaria para ele a imagem de uma sociedade complexa e fractal, sem ideologias aprisionadoras ou classes sociais fechadas, onde cada um pudesse desempenhar diferentes papéis nas múltiplas tribos. Sua visão me parece perder-se numa superficialidade que se afasta da geração de uma comunidade democrática no sentido pleno. É sugestivo o exemplo dado com a comunicação criada em torno do imaginário dos proprietários das Harley Davison.

Segundo o historiador Roger Chartier, um dos grandes equívocos das obras que tratam da história do livro e da leitura é não fazer uma distinção entre a leitura da necessidade e a leitura apaixonada. Para a primeira, o texto eletrônico e todas as suas vantagens são muito apropriadas, por eliminarem barreiras de tempo, espaço e seleção, proporcionando rapidez e barateamento do acesso às obras. A leitura de fruição, no entanto, se completa no contato corporal com o livro. Não é uma maratona contra o tempo, mas uma tentativa de suspender a temporalidade, percorrendo meandros e experimentando profundidade. Segundo o autor, devido a uma pressão psicológica, o leitor de suportes eletrônicos tende a transmitir para o ato de decodificação a velocidade do meio, transformando-se no que Guimarães Rosa definiu como leitor cavalo, que come apressadamente tudo sem tempo para ruminar[87].

3.2 - Corpo e leitura

> *"Do rolo antigo ao códex medieval, do livro impresso ao texto eletrônico, várias rupturas maiores dividem a longa história das maneiras de ler. Elas colocam em jogo a relação entre o corpo e o livro, os possíveis usos da escrita e as categorias intelectuais que asseguram sua compreensão".*
>
> Roger Chartier

A presença/ausência corporal continua a ser um dos grandes pontos de discussão quando se confronta a passagem da oralidade à escrita impressa e eletrônica. É necessário a reelaboração do que seja o estatuto corporal, na articulação com o nosso admirável mundo novo. Na comunicação, desde seus primórdios, o corpo obviamente passou por um processo que alternou maior presença ou virtualidade e maior ou menor controle e disciplina. A instituição dos aparelhos escriturísticos da "disciplina" moderna, indissolúvel da reprodução possibilitada pela imprensa, foi acompanhada, no imaginário popular, pelo duplo isolamento: do povo (em relação à burguesia) e da voz (em relação à escrita). Daí a ilusão de que longe dos poderes econômicos e administrativos o povo falava. Na verdade, o povo, a voz e o corpo estão desde sempre mediados por discurso, eles se constituem no espaço das próprias mediações e não pela simples instrumentação dos meios, como acentua Jesús Martín Barbero[88].

A construção de uma linguagem é a marca do sujeito moderno. Isto implica um afastamento do corpo vivido tradicional e individual, e um desligamento do lugar, da terra e tarefas não verbais. Este poder de criar linguagem contestou inicialmente os privilégios de nascimento e pretendeu se definir como indicador de hierarquização social, privilegiando, ontem, o burguês, hoje, o tecnocrata. A estratégia escriturística se relaciona a um trabalho imemorial exercido sobre o corpo social e individual anteriormente à escrita.

O direito sempre se escreveu sobre corpos: do nascimento ao luto. Mediante iniciações e rituais de toda ordem, os corpos foram transformados em tábuas da lei, graças às quais os indivíduos eram postos num texto e o Logos da sociedade se fazia carne.

Os instrumentos de escarificação, de tatuagem e de iniciação, todo tipo de arma com função disciplinar tinha a função de organizar o espaço social: articular o texto e o corpo, remetendo-se, de um lado, ao corpo simbólico e, do outro, aos seres de carne e osso.

A maquinaria jurídica que floresceu do século XVIII ao XIX propiciou ao texto o estatuto de ser aplicável sobre os corpos, transformando-os em corpos sociais. A maquinaria do tipo médico ou cirúrgico serviu de terapêutica para individuar as anormalidades. A unidade de referência deixa de ser o corpo social para tornar-se o individual. É este viés que nos levará aos corpos cibernéticos, à mecanização do corpo. Mudam os tempos, mas mantêm-se os mecanismos de conformação e instrumentação. O fascínio pelos instrumentos no contemporâneo, conforme veiculação na mídia, é paradigmaticamente exemplificado pela foto da tetraplégica nua na capa da revista *Trip*: "Trip girl. O corpo perfeito de Mara: 1,71m, 60Kg., tetraplégica"[89]. Há algo de indiscernível entre o apelo da nudez e o fascínio da manutenção da estética via técnicas modernas.

Carnes escritas por instrumentos se distinguem do grotesco, do informe daquilo que não recebe a lei. A grade de ferro da Colônia

Penal é sempre idêntica, mesmo que se mude a inscrição no corpo condenado. A disciplina da malhação contemporânea por um corpo perfeito tem sido, assim, analisada nas suas articulações com bulemia e anorexia, apontando a morte do corpo através de instrumentos sutis. John B. Thompson, seguindo Michael Mann e outros autores, distingue, entre as várias formas de poder, o econômico, o político, o coercitivo e o simbólico. Passamos, no momento, ao predomínio do poder simbólico que veio substituir o coercitivo[90].

Os livros são metáforas do corpo, se considerarmos que terminaram por substituir a pele do empregado na qual o patrão escrevia. O papel substitui a pele em momentos mais harmônicos, quando os castigos corporais e as torturas não se fazem presentes. A escrita da lei trouxe o prazer do reconhecimento, legível a cada época, proporcionando a participação na sociedade pela obediência.

A imprensa representa essa articulação do texto no corpo mediante a escritura. A ordem se produz em livros-corpos que a repetem e multiplicam, transformando os seres vivos em impressos da ordem. No contemporâneo, os instrumentos perdem sua visibilidade. Escritura e máquina se confundem como "modalizações aleatórias das matrizes programáticas demarcadas por um código genético, e onde de realidade "carnal", ontem submetida à escritura, não resta quem sabe senão o grito – de dor ou de prazer – voz incongruente na indefinida combinatória de simulações[91].

A máquina da representação não é infalível ou totalitária e movimentos de recriação do estatuto corporal, pela virtualização, pela desconformidade com o cânone, dão depoimento sobre a temática, sem que isto implique na apologia do maquínico ou na idealização da carne e sua natureza primitiva e instintual. Como bem assinala Lúcia Santaella[92], sob um ponto de vista semiótico, cultura é mediação, inteligência e possibilidade de sentido. Isso implica numa gradação entre formas mais simples e complexas de produção simbólica. A autora fala do neocórtex, morada do simbólico, como fonte de um crescimento contínuo que determinou, através da história, movimentos de extra-somatização maquínica, constituindo o corpo biocibernético. É num entrelugar que contemple a complexidade da unidade biopsicossociológica constituinte do humano que examinaremos o imaginário ligado à passagem do impresso ao eletrônico.

3.3 - Por um corpo comunicativo

> "A singularidade do indivíduo não é a de um eu com corpo distinto – com os seus órgãos, a sua pele, a sua afectibilidade, os seus pensamentos separados do resto da comunidade – mas sim a de um corpo em comunicação com toda a natureza e toda a cultura e tanto mais singular que se deixa atravessar pelo maior número de forças sociais e naturais".
>
> José Gil

A questão do impresso e do eletrônico se desdobra inevitavelmente no confronto homem/máquina, tendo como referência o dado corporal, sua presença, ausência, limites e agenciamentos, visando uma leitura não redutora que se abra inclusive para a problematização dos agenciamentos maquínicos na produção das subjetividades. A tecnologia é uma prótese do homem ou este está se tornando uma sua extensão? – pergunta Mário Costa[93]. Uma das características mais fantásticas de nossa era é a explicitação da promiscuidade entre o humano e o maquínico e, na área cultural, entre o artístico e o tecnológico. Steven Johnson pergunta se o primeiro pintor de cavernas era artista ou engenheiro, sublinhando o fato de que sempre houve a tendência de separar os habitantes que moram nas margens da tecnologia e os que habitam na margem da cultura[94].

O homem, como paradoxal dinâmica biopsicológica, foi ciclicamente esquecido em prol de uma visão esquizofrênica que privilegiava a mente, o sujeito como *res cogitans*, em detrimento de sua encarnação. Daí a passagem de um processo de "expressão" a um processo de "representação", enquanto verdade conceitual, ponte que o sujeito lança sobre o objeto. Tal redução tem sua fonte ainda nos gregos, e atinge seu ápice na época das Luzes, quando a sensibilidade corpo/imagem/sentido mais do que nunca ficará subordinada ao conhecimento. O positivismo, no século XIX, não fará senão acentuar esse caminho, destituindo de valor os campos da poesia, da infância, do jogo, do divertimento, reduzindo tudo à razão, à ciência.

Hoje, no entanto, depois do período em que a própria sociologia não privilegiou a análise corporal, preferindo, por exemplo, enfoques econômicos, é nodal o papel atribuído ao corpo nas mais diversas áreas do saber, e a biologia torna-se a ciência decisiva para o século XXI. Assistimos à multiplicação e à mutação do corpo em paradoxais metáforas identitárias que ora atuam sobre o próprio corpo por meio de toda sorte de artifícios, ora produzem virtualizações por meio da tecnociência, exigindo mesmo um repensar dos padrões éticos. O corpo, que à época das narrativas legitimadoras ocupava o pólo negativo da dicotomia classificatória, agora se libera e se inventa em discussões, em produções que reconfiguram os estatutos de real e irreal, privado e público, natureza e cultura. A discussão leva a pensar os limites do corpo e suas possibilidades de significar.

Pensar o corpo hoje é pensar suas performances, seus limites, numa visão que o contemple como um dos elementos constitutivos do amplo universo semiótico, no qual se produzem as subjetividades.

À medida que se altera o paradigma que orientou a racionalidade moderna, quando o corpo humano era considerado uma exterioridade a ser controlada, ele assume, lado a lado com as mais variadas instâncias pessoais, interpessoais ou coletivas, seu papel na produção da subjetividade. Um paradigma estético parece desenhar-se, no qual singulares devires e configurações inesperadas são produzidas e no qual o corpo surge como carne e imagem, matéria e espírito simultaneamente.

Os anos 80 se caracterizaram pela discussão da crise do sujeito, progressivamente privado dos grandes relatos legitimadores que ainda assinalavam referências da verdade, do bem e do belo, balizados por um paradigma de perfil dicotômico e exclusivista a organizar o social. O final da referida década e o início dos anos 90, em meio a desconstruções de toda ordem, mergulham na destruição ou indistinção dos modelos, exemplificada pela queda do Muro de Berlim, pela dissolução da União Soviética, pelo questionamento dos padrões éticos, pelo processo de estetização geral e o seqüencial abalo do estatuto da criação artística, pelas turbulências e revoluções da nova física e da nova biologia e, finalmente, pela multiplicação de vozes que em meio à falência do projeto moderno se configuram em novas reivindicações e mesmo em radicalismos de caráter fundamentalista.

É nesse cenário que se estabelece uma nova ordem corporal da qual já não se pode falar de forma setorizada, mas dentro de uma visão antropológica global, que considere os múltiplos mitos que atravessam a contemporaneidade, as invenções que revolucionam o conhecimento, apreendendo que ordem e desordem não são excludentes e podem dar lugar ao novo.

Os atuais movimentos de identificação e representação se dão paradoxalmente por meio da transmutação do corpo. Segundo Guattari, a subjetividade não se apresenta mais como coisa em si, ou essência imutável, mas depende de agenciamentos, ou seja, contém componentes heterogêneos, tanto de ordem biológica quanto social, "maquínica", gnosiológica ou imaginária[95].

Os diferentes registros semióticos que concorrem para o engendramento da subjetividade não mantêm relações hierárquicas obrigatórias ou fixas. Nesse contexto, o corpo em mutação é o lugar onde a nova física, a nova biologia e as técnicas de informatização provocam simbolizações caleidoscópicas, efetuando verdadeira revolução da representação.

Quando fatores de organização das identidades sociais como nação, etnia e classe perdem crescentemente seu poder aglutinador, o corpo, suas expressões, envelopes e próteses propiciam análises mais singulares fora da ótica "macro" dos grandes sistemas classificatórios, e uma nova ordem se processa.

Na era industrial, o corpo era manipulado enquanto instrumento da produção, lugar de disciplina e controle. Na sociedade pós-industrial, caracterizada pela difusão do saber e da informação, por uma tecnologia que ultrapassa a ciência e a máquina para tornar-se social e organizacional, repensa-se esse controle. O corpo dominado é apenas o do trabalhador? O novo espectro global de fluxos, redes e imagens é destinado a controlar sobretudo o cidadão consumidor através da produção incessante de serviços e desejos? O que se percebe é que uma leitura do corpo como construção narcísico-hedonista, disciplinado pelas regras da estetização geral da sociedade pós-industrial, pode incidir numa versão redutora do papel do corpo. É de se assinalar o belo ensaio de Daniel Lins[96] sobre os processos de subjetivação no cangaço e a importância política dos figurinos e adereços dos jagunços. Por outro lado, movimentos de retorno a uma ordem ecológica "natural" parecem ingênuos. Como bem assinala Manuel Castells, numa perspectiva histórica mais ampla, a sociedade atual atinge um estado em que a cultura não é impotente frente às forças da natureza como num primeiro momento, nem a domina numa lógica racional como se pretendeu em seguida[97]. No estágio atual, a cultura se refere à cultura, a ponto de necessitar recriar a natureza, artificialmente, como forma cultural. Assim, também as medicinas alternativas, enquanto produto natural, se inscrevem na órbita utópica de busca de uma perfeição que desconsidera nossa real inserção no mundo.

Vivemos um tempo pós-humanista se considerarmos que o humano era sinônimo, para a filosofia moderna, de um representante abstrato universal, lugar da voz e da visão fundadoras. O humano era, sobretudo, o possuidor de um sentido de ser como sujeito de suas próprias experiências. O humano do humanismo era, em última instância, a razão e a consciência. Nesse contexto, o corpo não oferecia grande interesse, enquanto substância orgânica, aparência, desejo ou paixão. Pelo contrário, era algo que, pertencendo à natureza, à exterioridade, sofria, assim, duplo e paradoxal distanciamento: ou era a natureza utópica intocável, ou a natureza incontrolável caótica e catastrófica. Essa questão do dado natural e do adquirido está no cerne dos desejos e das representações corporais da atualidade.

O que parece acontecer é que as duas séries que organizaram o percurso da história do pensamento filosófico-científico perdem sua radicalidade opositiva. Os princípios da irregularidade, casualidade, caoticidade, indeterminação dependem do fato de a descrição de um fenômeno, sua eventual interpretação e explicação derivarem do sistema de referência no qual o inserimos. Não há, pois, ordens e referências necessárias. O que parece perfilar-se é a idéia da enunciação responsável, na qual natureza e cultura, privado e público, real e irreal serão o lugar do corpo em mutação, em produções de singularidades, em imaginações monstruosas tão presentes na ficção científica como signos do irrepresentável, lugar da busca de perfeição através de cega disciplina *(body building)*, lugar de dilaceramento, de lutas, de toda espécie de performances *(body art/body modification)*. De qualquer forma, o corpo está em cena, sem que haja qualquer possibilidade de predizer o futuro e seus limites. O corpo resiste, torna-se um significante fluido, mutante.

Em *Quero ser John Malkovich*, de Spike Jonze, o personagem principal se apresenta ao final do filme com a paradoxal frase: "Somos John Malkovich". Esta sugestiva apresentação de si como multiplicidade de "eus" resume a vivência da pluralidade de pessoas/desejos, as quais, no filme, surrealisticamente, passam a habitar seu corpo/mente. Lembrando sob alguns aspectos a Alice de Lewis Carroll, o filme *Quero ser John Malkovich* nos interessa pela desconstrução da suposta unicidade individual. Atravessando cenários espaço-temporais fantásticos, diversas pessoas fazem viagens dentro do corpo do ator/personagem, afetando de formas não simétricas e invasivas ora sua mente, ora seu corpo, ora seu corpo e sua mente até que sejam assimiladas pela personagem como metáforas da pluralidade do desejo do outro que introjetamos, atendemos, encarnamos nas formas mais variadas de um eterno devir-outro, ou, pelo contrário, de um aprisionamento. Alfredo Naffah Neto lembra, a propósito, em artigo sobre as trezentas vozes de Maria Callas, que ela se tornava cada um de seus personagens em vez de representá-los. Transmutava-se em cada uma nas múltiplas expressões afetivas em que cada personagem se desdobrava, abandonando qualquer corrente verista e apolínea para se entregar dionisíaca e tragicamente às intensidades afetivas que regiam a conformação/deformação da voz[98].

Na direção da compreensão do corpo como um devir dinâmico é que surge um corpo comunicativo considerado sempre em processo e espaço de integração de intensidades que vão da natureza animal mais instintual ao maquínico mais sofisticado. O lugar do sujeito não é neutro ou abstrato como pensava o projeto moderno, mas, enquanto encarnado, se constrói em ação, contendo limites, devires e incompletude[99]. *Falar sobre um corpo comunicativo é, pois, falar sobre um corpo apto a criar sentidos, a ser agente de subjetivação e não meramente alvo de uma construção, de uma dominação, de uma objetivação.*

Qualquer discurso sobre o corpo deve enfrentar algumas considerações para não incidir nos equívocos que permearam o pensamento moderno com relação ao sujeito, ao conhecimento e à produção do sentido. Inicialmente, há que se considerar o assinalamento do lugar da enunciação para, do ponto de vista epistemológico, questionar a distinção clássica sujeito/objeto e sua correspondente separação corpo/mente. Na construção de um novo espaço cognitivo onde corpo/mente, sujeito/objeto, matéria/energia entrem numa relação complexa e não bipolar, devemos lembrar que nossa experiência corporal não é totalmente abarcada pela linguagem. Nunca haverá tradução completa entre as duas ordens. Nas sociedades arcaicas e em experiências-limite, o corpo era um significante flutuante, um transdutor de códigos, aquele elemento que, não pertencendo aos códigos simbólicos, os fazia funcionar e significar[100]. Pensar o corpo hoje, paradoxalmente, significa remetê-lo a uma intensidade não codificada na qual significante e significado não coincidem. A propósito, José Gil chama atenção para o fato de que, a rigor, é impossível uma semiologia dos gestos, estabelecendo conjuntos discretos a se combinarem numa linguagem. O máximo da encarnação do sentido do corpo se dá quando a desordem se deixa ver, quando o corpo aparece como corpo sem órgãos, com suas funções orgânicas desconstruídas e perpassado de energia[101].

Tomamos da teoria analítica de Arthur Frank[102] a proposta de alguns comportamentos corporais, ampliando o debate sobre o corpo comunicativo através da noção de singularidade e de corpo-sem-órgãos via Deleuze e Guattari e a estética das sensações proposta por José Gil no estudo da obra de Fernando Pessoa[103].

Frank aponta quatro questões pelas quais qualifica quatro estilos de comportamento corporal que, no limite, se entrecruzam:

1) *controle versus contingência*, ou seja, em que medida o corpo pode ser previsível, por meio da adoção de disciplinas;

2) *desejo em oposição à falta*. Para que a disciplina e o controle sejam mantidos, o sentido da falta deve ser consciente. A falta justifica a subordinação que, por sua vez, reproduz a falta;

3) *relação com os outros*, que pode ser monádica ou diádica. O segundo tipo desdobra-se em ação comunicativa ou em dominação do outro;

4) *relação consigo mesmo*, ou seja, associação ou dissociação do corpo com sua corporeidade.

O importante na determinação dos diferentes usos do corpo é que este seja analisado em ação, pois é diante das resistências que ele se torna mais consciente de si.

A tipologia se desdobra, de acordo com as categorias acima, em: corpo disciplinado, corpo narcísico, corpo dominador e corpo comunicativo. Para o autor, o corpo disciplinado, o corpo espelhado e o corpo dominador podem ser discutidos no nível da descrição empírica, enquanto o corpo comunicativo é menos uma realidade do que uma prática. Sua emergência pode dar-se nas práticas estéticas da dança e da performance, na relação produzida entre o corpo doente e quem o atende, e em outras ocasiões de desestabilização dos códigos simbólicos. A qualidade essencial do corpo comunicativo é que ele é um corpo em processo. Nessa configuração, a contingência do corpo não é um problema, mas uma possibilidade. Quando a relação diádica com o outro se cruza com um desejo que está sendo produzido e com uma relação consigo mesmo não dissociada, ela não precisa mais ser de dominação e a contingência não responde a uma ameaça[104].

Por meio de pistas lançadas por Arthur Frank sobre o corpo comunicativo, tentaremos, neste momento, explicitar algumas noções que possibilitem ampliar o estatuto do corpo e suas expressões no contemporâneo afetado pela multiplicação de imagens e por desdobramentos virtuais favorecidos pelas novas tecnologias. Não se trata, propriamente, como acentua Frank, de desincorporação, alienação de si ou dissociação, mas de reconfigurações que se dão na fronteira entre o devir-si-próprio e o devir-outro, como propõe José Gil:[105] o sujeito só se transforma em si próprio quando atinge o domínio máximo dos modos de sentir dos outros.

Descrevendo os vários níveis das sensações propiciadas pelo poema *Ode marítima*, de Fernando Pessoa, afirma José Gil que a partir de determinado momento do poema deixa de haver, de um lado, a multiplicidade das paisagens marítimas vistas de perto ou de longe e, do outro, emoções que expressam maneiras de sentir; deixa de haver um exterior separado do interior. É neste terceiro momento que se forma o plano da consistência. Doravante, o movimento das coisas (dos piratas, dos gritos e de todos os órgãos) se identifica com o movimento das emoções. É como se as personagens, seres, navios, gruas, cais e corsários, viajassem em vibrações e intensidades sobre o corpo exposto do poeta. O "eu" esvazia-se e transforma-se em potência de transformação na superfície do corpo, na pele. O "eu" transforma-se em singularidade e o corpo transforma-se em superfície intensiva, deslocando os órgãos (não intensivos) do corpo comum. O importante, e o que nos interessa no trabalho de Gil, apoiado em Deleuze e Guattari, é a possibilidade da reconfiguração do estatuto do corpo enquanto singularidade como fluxo e multiplicidade e, portanto, desvinculado da unidade do "eu". A singularidade se dá, justamente, no limiar da heteronímia e do devir-outro e é, em seu vetor centrífugo, na dissolução do "eu" e de suas figuras (psicológicas, sociais, morais, filosóficas) que ela se constitui.

Para se sentir puramente si-próprio, cada ente deve sentir-se todos os outros e Fernando Pessoa vai fazer dessa afirmação o ponto de partida para a diferença no interior de si-próprio como condição de possibilidade da relação com o outro e, portanto, do devir-outro[106].

O que advém de tais idéias para repensar o corpo é a relativização ou a desestruturação das noções de unicidade e organicidade que regiam seu imaginário. Cria-se uma dimensão intensiva que permite uma leitura não nostálgica das mutações oferecidas nos mais diversos campos da vida contemporânea, possibilitando, para além da disciplina, do controle ou das identificações narcísicas, a criação de novas relações que, no limite, serão estéticas. O espetáculo "Cravos", da coreógrafa Pina Bausch, concebido em 1982, de certa forma problematiza a questão corporal, bem como a própria noção da dança clássica e seu espaço disciplinar. Numa zona de fronteira se cruzam o teatro, o circo, a música popular e clássica, a fala, o gesto e o silêncio, integrando o espaço infantil da espontaneidade e criatividade, o universo dos deficientes auditivos, dos excluídos da norma, num projeto de uma comunicação total e performática com a platéia. Recuperam-se as semióticas primitivas, polívocas, heterogêneas, que o processo da máquina abstrata da "rostidade", funcionando por bionivocidade significante e binarização subjetiva, lutou por normatizar e mesmo extinguir[107].

É importante pensar no encontro tecnologia/corpo/arte, implícito na questão do mundo eletrônico, a reconceituação do estatuto do corpo, sobretudo, o seu aspecto virtual, e a construção, via estética, de uma nova antropologia no tempo das próteses maquínicas[108]. Mário Costa aponta a arte ou, melhor, a estética da comunicação como o lugar dos estímulos à criação de uma antropologia contemporânea mais inclusiva das semioses plurais que nos atravessam.

3.4 - Do correio ao *e-mail*: corpo e desmaterialização

Nem só de *e-mails* vive um colunista, afirma Artur Xexéo. Conta ele que a carta chegara de Niterói numa sexta-feira e o carimbo dos correios comprovava que havia sido postada na véspera na agência São Francisco. Três selos de 5 centavos enfeitavam o envelope: um deles reproduzia a imagem de uma melancia; os outros dois mostravam um mamão. Na carta, um leitor enviava seu escolhido para o prêmio da mala do ano e duvidava que seu voto fosse computado. "Nestes tempos eletrônicos, acredito que cartas manuscritas são dificilmente publicadas e sequer lidas"[109]. Eram estas as primeiras linhas da missiva, assinada por um leitor que se definia como parte do vilipendiado grupamento de brasileiros aposentados. O início do texto era quase um pedido de desculpas do remetente por não estar enviando um *e-mail*, já que a Internet parecia querer acabar de vez com o papel pautado, o envelope, os selos e os carimbos, identificando as agências em que as cartas são postadas.

A propósito desta carta, comentava Xexéo a transformação da relação dos jornais com os leitores no tempo "Internet". A resposta ao que sai publicado é imediata, o jornalista que chega à redação às 8 da manhã já encontra, no monitor de seu computador, a opinião do leitor sobre o que foi publicado naquele dia. Teoricamente, o jornal passou a conhecer melhor o seu leitor, mas acrescenta o autor que é preciso saber que este é apenas um tipo de leitor: o que tem computador, telefone, um dinheirinho sobrando e é cliente de um provedor de acesso. Há uma multidão de leitores sem estas características. A grande maioria das colunas traz impresso o endereço eletrônico no final do artigo que só serve para leitores internautas, e, no mais, as cartas manuscritas continuam a ser bem recebidas, conclui o colunista, que descarta a eletização do diálogo na passagem do correio ao *e-mail*.

Tal evolução, ligada ao progresso tecnológico e à ultrapassagem mais veloz das barreiras espaciais num tempo instantâneo, só pode ser pensada, como demonstra o episódio narrado, no âmbito das transformações socioculturais e geopolíticas que implica. A questão da distância, longe de ser um dado objetivo impensável, físico, é um produto social. A vitória sobre o espaço geográfico depende da economia monetária, do custo de produção da velocidade. Como bem acentua Zygmunt Bauman[110], todos os outros fatores socialmente produzidos de constituição, separação e manutenção de identidades coletivas – como fronteiras estatais e barreiras culturais – parecem efeitos secundários desta velocidade. A realidade das fronteiras sempre importou numa estratificação de classe, já que as elites sempre tiveram uma inclinação mais cosmopolita, uma liberdade além-fronteiras. Os delimitadores de espaço hoje deixam de importar para os que se movem na velocidade da mensagem eletrônica.

Dentre todos os fatores técnicos de mobilidade, o transporte da informação é um dado importante a ser considerado, já que, hoje, a informação viaja independentemente de seus portadores físicos e objetos. O aparecimento da rede mundial de computadores pôs fim – no que diz respeito à informação – à própria noção de viagem. Os países hoje em estado de desenvolvimento necessitam buscar juntos soluções pelas quais os fluxos globalizados velozes não os tornem descartáveis como um todo, abrigando apenas as elites e alguma mão-de-obra especializada. A nova geografia mundial dependerá basicamente de uma política que caberá ainda aos Estados assegurar, malgrado os hinos à desterritorialização e a desregulamentação.

É importante verificar a genealogia da evolução do correio ao *e-mail* com uma lente transdisciplinar. A experiência que marca a evolução das formas de comunicação e endereçamento postal foi lenta, durante séculos, variando de país para país de acordo com o grau de progresso, o tipo de solo e os obstáculos naturais. A aceleração do desenvolvimento tecnológico no século XIX trouxe transformações importantes. As distâncias começaram a ser vencidas com maior rapidez se considerarmos os caminhos percorridos, inicialmente a pé e sucessivamente a cavalo, diligências, carros, aviões e navios. Há que se considerar, pois, a metamorfose das relações corporais com a transformação dos meios utilizados. As expressões orgânicas que aludiam às relações interpessoais eram "cara a cara", "corpo a corpo", "ombro a ombro", etc. A comunidade se formava face a face, de braços dados, e as mudanças se davam passo a passo numa valorização do encontro, do estar junto que perde progressiva importância na objetivação da transferência das mensagens trazida com as novas tecnologias.

Segundo Benoît Mélançon, a liberdade de tom, de pensamento e de ação, sem constrangimentos de horários e lugares, encontra seus limites na desmaterialização do universo da Internet: "não abraçamos nosso Macintosh e não choramos em nossa IBM"[111].

Lembramos aqui as idéias de Roland Barthes em seu livro *O Império dos signos*, pondo em relevo o valor da materialidade do significante no imaginário japonês. Diferentemente do pensamento ocidental que objetiva conteúdos e referências, no Japão o autor sublinha a importância emprestada à mediação do significante, analisando seja o invólucro de um presente, seja a combinação de pratos à mesa, seja o endereçamento postal. A propósito da distribuição da correspondência, cada carteiro é encarregado de determinada região conhecendo pessoalmente os destinatários. Ainda hoje, no Ocidente, encontramos exemplos do tipo de contato proporcionado pela entrega personalizada das cartas em regiões onde o progresso ainda encontra obstáculos. O filme *O Carteiro e o Poeta* dá a medida do embricamento entre velocidade, espaço e comunidade. O carteiro e sua bicicleta surgem unicamente para o serviço postal do poeta Pablo Neruda, exilado em pequena localidade da Itália.

A história do correio contada no livro *La Poste*[112] fala da distância que separou os homens e o desejo de comunicação. Os meios de encaminhar as cartas, inicialmente muito aleatórios, variavam de país para país e eram irregulares, onerosos e complicados, não ultrapassando, senão raramente, o local, o nacional. No século XIX, a revolução industrial, a expansão comercial, os progressos da alfabetização e a transformação dos meios de transportes – o navio a vapor, as estradas de ferro faziam então sua aparição – conduziram a criação dos serviços postais modernos no plano nacional. Anteriormente, tais serviços se restringiam à comunicação dos reis e elites, abrindo-se progressivamente à comunidade de forma irregular através da mediação dos frades viajantes, dos comerciantes e outros mensageiros ocasionais.

A criação da União Postal Universal (UPU), em Berna, 1874, foi assim antecedida pela organização de diversos serviços estatais e buscou retirar todos os obstáculos que dificultavam a ultrapassagem das diversas fronteiras nacionais. O Tratado de Berna transformava uma série de administrações e regulamentações postais contraditórias num território postal único com referência ao envio de cartas. Seqüencialmente, os demais serviços do correio atingiram também um âmbito universal.

O livro *La Poste*, comemorativo do movimento de universalização da comunicação, obviamente não coloca ênfase na análise dos interesses a que sempre esteve ligado o desenvolvimento das redes de comunicação numa verdadeira hierarquização do mundo, como comenta Armand Mattelart.

"O mundo como oficina e mercado únicos, nações mutuamente dependentes repartidas segundo uma divisão internacional do trabalho que se inscreveria na natureza das coisas, a humanidade associada na exploração do Globo: estas representações do planeta não resistem à análise da cartografia dos fluxos de comunicação na era dos impérios"[113].

No século XIX, por exemplo, Londres era o centro para onde tudo convergia, propondo mesmo o Tempo Universal de Greenwich, o que despertou susceptibilidades nacionais. De Londres partiam as redes técnicas da economia-mundo, conceito que nos será útil para analisar os fluxos da comunicação que se sucederam. É Fernando Braudel[114] que define a economia-mundo a partir de uma tripla realidade: um espaço geográfico dado; a existência de um pólo, "centro do mundo"; zonas intermediárias em torno deste nó fulcral e margens muito amplas que, na divisão do trabalho, estão subordinadas e dependentes das necessidades do centro que dita a sua lei. Para ele, este esquema de relações tem um nome: troca desigual e o capitalismo surgiria como produção da desigualdade, só concebido num espaço desmesurado, "universalista".

Em todo o século XIX é patente a supremacia do Império Britânico, que abrangia um quinto das terras emersas, além de estender-se pelos sete mares. A Inglaterra liderava os caminhos de ferro, instalação de cabos elétricos, telégrafos, etc.

Do cavalo ao comboio, da velocidade orgânica à mecânica, esboçou-se um novo modo de deslocação que determina um novo modo de organização da sociedade. Na origem da transição do modelo mecânico ao transporte eletrônico das informações e da ação, no fim da Segunda Guerra mundial, existiu precisamente o fato de as técnicas da informação e da comunicação estabelecidas no decurso do século XIX mostrarem-se insuficientes para administrar a aceleração da velocidade da circulação, da produção e da distribuição. A rede surgirá como entretecimento de objetos dispostos em linhas e o termo se aplicará aos caminhos de ferro, às estradas, aos canais e aos telégrafos. O desenvolvimento e a prosperidade de um povo dependerão progressivamente da organização do sistema da comunicação. As redes de comunicação são abordadas como criadoras da nova ligação universal. As metáforas de organismo e mecanismo se juntam no século XIX para administrar o corpo social.

A tendência à universalização aparece também na organização das exposições universais na Paris do século XIX, promovendo a reunião de representantes das mais diversas regiões. Se a Inglaterra dominava a economia durante o século XIX, a França mantinha sua supremacia cultural e a importância da troca com as metrópoles suplantava a comunicação interna das diversas colônias.

O que se pode registrar no contemporâneo pós-colonialista é justamente a crise dos Estados-nações como pólos comunicadores a que fizemos referência e um processo de desregulamentação com a perda de controle dos Estados nacionais, a primazia do discurso econômico neoliberal e do credo das multinacionais.

Em muitos discursos públicos sobre a globalização sobressai a visão de que os grandes mercados estão nos países em desenvolvimento (tais como o México, Brasil, China e Índia). No entanto, a verdade é que a globalização continua a ser um fenômeno muito concentrado nos países ricos. Entre as 100 maiores multinacionais, apenas duas são de países em desenvolvimento[115].

Vivemos contemporaneamente um embate entre o local e o global, entre o concreto e o abstrato, cuja resolução, na maioria das vezes, vem sendo efetuada por processos que estimulam a mistura, a hibridação, a indiferenciação, o *glocal*, em suma. É significativo o fato de que a palavra "invasão", até recentemente, era usada para se referir ao contato de corpos concretos que obrigatoriamente deviam se cruzar, conviver, a territórios que ainda não faziam parte da nova geopolítica sem fronteiras, a espaços disputados em áreas periféricas. É recentíssima a preocupação com a invasão eletrônica. A propósito, a funcionalidade atribuída aos *e-mails* entra em contradição com os *e-mails* inúteis e não solicitados, representados, por exemplo, pelas "correntes". Contra tais efeitos de invasão de privacidade (malas-diretas, correntes, esquemas de ganhe dinheiro-fácil) e perda de tempo, começam-se a recomendar algumas medidas de "etiqueta da net[116]". Como a quantidade de correspondências às vezes foge ao controle, chega um momento em que é necessário apelar para a criptografia e para os filtros de mensagens. As respostas podem ficar um pouco impessoais, mas sua produtividade aumenta bastante. Três coisas podem ocorrer com a mensagem do correio eletrônico: pode ser espionada ou cair em mãos indevidas, outra pessoa pode enviá-la, falsificando o remetente, e parte de seu conteúdo pode ser adulterado.

O paralelo/oposição estabelecido entre o correio e o *e-mail* traduz duas visões a propósito das novas tecnologias. Por um lado, a infopessimista da robotização humana, apontando a perda do dado corporal, individual e da qualidade da comunicação. Por outro, um utopismo eletrônico e uma aposta radical na informatização da sociedade, tornada eficiente e veloz.

A questão do correio e do *e-mail* está inscrita dentro do universo mais amplo do impresso e do eletrônico e as leituras feitas a respeito dos novos jogos de poder. Os apóstolos de um neo-iluminismo tecnológico apregoam aspectos como interatividade nas redes, riqueza do universo hipermediático, vantagens das simulações virtuais, qualidades discutíveis como bem apontam vários autores[117].

"Em breve chegará o dia em que não seremos ninguém se não dispusermos de um endereço *e-mail* para as nossas comunicações pessoais ou empresariais[118]". Tal consideração que abre o livro *Correio Electrónico: como utilizar o e-mail* vem acompanhada de outras mensagens nas quais os conceitos de eficácia, instantaneidade, funcionalidade dão a medida de um imaginário dos novos sujeitos em ritmo de globalização. O livro de Nuno Amaro objetiva os recursos do *e-mail*, tais como a utilização do newsgroups, seleção dos *e-mails*, utilização do fichário de endereços, etc. Suas considerações a propósito da divisão entre *e-mails* pessoais e empresariais não enfatizam as implicações políticas, mas a utilização técnica dos meios. Visando substancialmente a competitividade econômica, o imaginário do *e-mail* está voltado sobretudo para o *e-commerce* e a informação. O discurso da democratização, da generalização do uso do correio eletrônico, na maioria dos autores, não discute o que efetivamente está sendo enviado no *e-mail* em termos de campanhas políticas setoriais, grupais e a possibilidade do desenvolvimento de uma comunidade virtual atuante em termos de cidadania. Uma das conseqüências mais fundamentais da nova liberdade global de movimento é que está cada vez mais difícil reunir questões sociais numa efetiva ação coletiva, comenta Bauman. Com efeito, a globalização corre o risco de realizar-se, paradoxalmente, em duas frentes: a da tecnodemocracia e a da fragmentação dos Estados que se desestruturam enquanto poderio cultural e econômico, guardando apenas seu poder de repressão como guardião das megaempresas multinacionais. Neste sentido, é importante o papel do que vem sendo chamado *digerati*: "eles cuidam para que esses internautas se tornem respeitáveis cidadãos do novo universo e não apenas uma massa de cérebros capaz de ser manobrada numa escala sem precedentes da história da civilização". Rheingold, por exemplo, é jornalista e o seu maior mérito foi mapear a geografia social da Internet. Observador atento das conferências do provedor Well, Rheingold descobriu o potencial político da rede mundial de informações e desde então vem estudando os efeitos da interatividade. Em seu livro mais famoso, *The virtual Community: homesteading on Electronic Frontier*, ele mostra, por exemplo, que as sociedades digitais não seguem as regras do mundo "real" e não se agrupam por afinidades raciais, políticas ou ainda pela proximidade física. São um fenômeno existente graças à comunicação mediada por computadores[119]. Tal opinião reflete algumas faces da questão, como: o uso individual do correio de forma quase mecânica, objetivado, sem estilo; o uso empresarial marcado pelo conceito de instantaneidade e eficiência; a pouca intervenção do Estado visando a administração do social. Por outro lado, há que lembrar a importância da utilização do correio eletrônico pelas ONGs. A serviço da ação política, como dá depoimento ao *Le Monde Diplomatique* o diretor do Instituto Brasileiro de Análises Sociais e Econômicas (IBASE), Carlos Alberto Afonso, há casos de intervenção mundial realizados pelas ONGs e, entre eles, cita o uso do correio eletrônico comunitário do IBASE, Alternex, por ocasião da morte de Chico Mendes. Em alguns minutos, a partir do Alternex e via o sistema Peacenet da Califórnia, uma mensagem era lançada ao mundo inteiro para pressionar o governo brasileiro a punir os assassinos[120]. O correio eletrônico de fato já está sendo empregado para a difusão massiva de determinadas propagandas políticas. Os grupos fundamentalistas, a política nos EUA e os Zapatistas no México são pioneiros nesta tecnologia política.

Castells[121] afirma, entretanto, que as taxas de comunicação interativa através de computadores ainda estão por crescer no mundo (excluída Cingapura) e apesar das altas taxas de crescimento a penetração informática (com exceção da África) está em um patamar diferente. No jornal português, *Diário Econômico*, em 2000, encontramos a manchete "Metade dos portugueses "ignora" a Internet e o computador", fruto da pesquisa realizada pela International Data Corporation (IDC) em 13 países da Europa Ocidental. Entre as razões apontadas para o fato estava a impessoalidade da comunicação eletrônica[122].

A falta de intermediação, de certa forma, rouba a aura da comunicação, como assinala Barthes, subtrai o charme da espera do carteiro, o contato humano nos antigos guichês, as imagens dos selos, etc. Mandar uma mensagem tinha um quê de segredo manifestado nas cartas guardadas e amarradas com fitas, ou nas cartas roubadas. Receber a carta, abrir a carta e guardá-la eram movimentos bastante diferentes do envio de um *e-mail*.

Os correspondentes da Internet não se embaraçam com formas de delicadeza nem assinaturas ao fim das mensagens: é a hora do minimalismo numa linguagem híbrida, entre o oral e o escrito, afirma Marie Gobin[123]. Segundo psicanalistas, a instantaneidade favorece o lado impulsivo que a sociedade rechaça. Tais opiniões, entretanto, não expressam totalmente o imaginário do *e-mail*. Recentemente o Museu Nacional de Belas Artes realizou exposição de arte postal e informava que o espírito de criação estética também já começava a aparecer nos *e-mails*, o que de certa forma contraria a objetividade e funcionalidade do meio em questão. Cabe lembrar aqui a série de signos que no *e-mail* pode ser usada para enriquecer o processo semiótico.

A discussão sobre o correio e o *e-mail* na mídia vem, nos meios acadêmicos, carregada de preconceitos e pseudodivisórias quando, na verdade, o que se precisa é pensar a partir de um enfoque que privilegie uma filosofia política que discuta o mundo eletrônico nos seus diversos níveis, sem radicalismos. A importância política das discussões em torno da Reforma Postal com a abertura à iniciativa privada, visando maior abrangência e eficiência dos serviços postais, é um exemplo. Quiosques serão distribuídos pelo interior, facilitando a abrangência da comunicação, agências oferecerão serviços bancários, reconhecendo a importância e complementaridade dos serviços postais, sobretudo no interior.

A correspondência eletrônica embora indispensável no meio empresarial interna ou externamente, se quisermos atingir algum nível de competitividade, quando a globalização é um dado efetivo, nunca banirá o antigo correio, seja pelo acesso a rincões desprovidos de computador, seja pela poética do meio missivo, seja pela maior subjetivação possibilitada pela carta contra o perigo da homogeneização do *e-mail*. Por outro lado, se, por ocasião das intermediações, a máquina na sua materialidade nos separa do outro, como foi o caso da secretária eletrônica, com o tempo ela pode ser incorporada ao que denominamos corpo comunicativo.

Enquanto aguardo o desenrolar da questão, recebo carta vinda do estrangeiro com os dizeres: "obrigada pelos morangos no selo".

4 - ENTRE FRANKENSTEIN, O CIBIONTE E OUTRAS UTOPIAS: a comunicação como projeto

> *"Mas dou graças a Deus por não termos nem escolas livres, nem imprensa, e espero que não as tenhamos por trezentos anos ainda. Porque aprender trouxe ao mundo a desobediência e a heresia e seitas e a imprensa as divulgou bem como os libelos contra o governo"* [124].

Como afirmam Philippe Breton e Serge Proulx, é necessário distinguir claramente entre a ideologia da comunicação, que é um sistema de valorização sistemática da comunicação e das suas técnicas na nossa sociedade, e as próprias técnicas de comunicação. Estas últimas existiram desde sempre e a sua legitimidade não causa problemas, ao passo que a ideologia que quer transformar a comunicação no centro de todas as coisas data dos anos 40, com o desenvolvimento da cibernética de Wiener[125].

A epígrafe transcrita denuncia o interesse da metrópole na época colonial em controlar a comunicação impressa como técnica propiciadora de pensamentos subversivos. Na verdade, o tipo de produção editorial indicia com clareza o nível da consciência e apropriação do nacional, possibilitando a concretização e veiculação de valores culturais e ideológicos. O aspecto gráfico do livro representa o encontro da estética com a tecnologia disponível. Sua produção requer a disponibilidade de certos insumos industriais (que podem ser importados, feitos com matéria-prima importada ou fabricados inteiramente no país). Sua venda constitui um processo comercial condicionado por fatores geográficos, econômicos, educacionais, sociais e políticos. No todo, proporciona uma excelente medida do grau de dependência ou independência do país, tanto do ponto de vista espiritual quanto material.

No que se refere à história brasileira no período colonial, é interessante sublinhar todos os esforços realizados para que não tivéssemos nossa própria produção editorial. O poder escritural a que se refere a epígrafe era da metrópole e, se a imprensa foi inventada no século XV, aqui, como bem relata Lawrence Hallewell[126], só tivemos a primeira tipografia no século XIX, devido sobretudo aos interesses de Portugal, cujo governo se transmutara para colônia devido à questão napoleônica.

A problemática relativa à circulação dos saberes e poderes se desenvolve hoje sobretudo em torno da crítica ou exaltação da técnica e da possibilidade de uma democracia virtual. A politização da técnica deve discutir as condições desiguais em que os diversos atores e poderes nela intervêm, analisando os modos diversos com que as noções da identidade e verdade se recompõem nos desiguais circuitos de produção, comunicação e apropriação da cultura. Canclini fala de 3 espaços. O primeiro é o da cultura histórica territorial, onde a inércia simbólica é mais prolongada. O segundo é o dos meios de comunicação de massa, onde alguns países periféricos ainda dispõem de certa autonomia. O terceiro circuito é o da computação, dos satélites, das redes ópticas e demais tecnologias de informação vinculadas às tomadas de decisão, bem como aos entretenimentos de maior expansão e lucratividade. O enfraquecimento das identidades nacionais e regionais é maior do que neste terceiro circuito.

"Estudar o modo como estão sendo produzidas as relações de continuidade, ruptura e hibridização entre sistemas locais e globais, tradi-

cionais e ultramodernos, do desenvolvimento cultural é, hoje, um dos maiores desafios para se repensar a identidade e a cidadania[127] ".

Os efeitos desta globalização tecnológica e econômica devem ser pesados, avaliando-se os processos de engenharia cultural presentes nos diferentes códigos fabricados a partir de matrizes globais. É neste espaço de assimilação e de repulsa às novas tecnologias, neste espaço da fronteira entre homem e máquina que inserimos nossos comentários sobre o livro eletrônico.

Pensadores do século XIX, como Karl Marx ou John Stuart Mill, acreditavam que assim como a economia cada vez mais se baseava na ciência, também nosso modo de ver o mundo seria mais racional. Mesmo que o progresso não fosse contínuo, a razão não teria o ônus do retrocesso. No entanto, a irracionalidade continua a florescer lado a lado com o avanço tecnológico.

O neo-iluminismo contemporâneo não baniu os fundamentalismos. Não apenas em países periféricos, como também em países como os Estados Unidos, a vida política é atravessada por conflitos religiosos. Segundo John Gray, nem a contínua guerra civil americana em torno do aborto, nem a tentativa de derrubar o presidente Bill Clinton podem ser entendidas sem a percepção de que a nação mais moderna do mundo "é também aquela onde a minoria fundamentalista pode escrever a agenda política"[128]. As sociedades modernas estão cheias de seitas e assiste-se a uma pluralização de cultos, espetacularização e fanatização dos mesmos. A discussão do retorno do religioso ocupa a mídia, alimenta-a.

Alguns vêem o avanço das tecnologias comunicacionais e biológicas como um grande salto em direção ao progresso com a realização dos antigos manifestos de liberdade, igualdade, fraternidade e dos direitos dos cidadãos na "ágora global", sucessora da "aldeia global" de McLuhan[129]. Outros dão boas-vindas aos potenciais benéficos, mas temem as fantasias e desmesuras tecnológicas que não venham inseridas numa visão mais ampla do social com a real possibilidade de generalização do acesso ao mundo do saber e da produção tecnológica. Por outro lado, as deturpações do uso tecnocientífico produzem procedimentos perversos como as manipulações genéticas na biologia, ou as invasões de privacidade no campo comunicacional.

Se acompanharmos o pensamento de Boaventura Souza Santos[130] a propósito dos desvios de rota do projeto moderno, vamos nos perguntar se não assistimos a um desenvolvimento desmesurado da tecnociência e do econômico em prejuízo da função do Estado e da emancipação do cidadão. Para o autor, o projeto sociocultural da modernidade, por sua complexidade, esteve sujeito a desdobramentos inesperados, bastando para tanto o exame da evolução de seus dois pilares fundamentais: o da regulação e o da emancipação. O pilar da regulação, constituído pelo princípio do Estado (Hobbes), pelo do mercado (Locke) e pelo da comunidade (Rousseau), implodiu progressivamente, por suas contradições. Acrescentem-se a estas contradições aquelas contidas no pilar de emancipação com suas três lógicas de racionalidade: a estético/expressiva, a moral/prática e a cognitivo/instrumental. Estas racionalidades e princípios transitaram de formas ao mesmo tempo peculiares e diversas. Originariamente à racionalidade estético/expressiva, articulando-se privilegiadamente com o princípio da comunidade, caberia produzir sentidos de identidade e comunhão. A racionalidade moral e prática, por sua vez, se relacionaria ao princípio do Estado, dotado do monopólio de produção e distribuição do direito. Por último, a racionalidade cognitivo/instrumental dependeria mais diretamente do princípio do mercado com suas idéias de individualidade e de concorrência, centrais ao desenvolvimento da técnica e da ciência.

Tal projeto moderno ou da modernidade, justamente por sua riqueza e infinitas possibilidades, implicou concomitantemente em excessos e em déficits no cumprimento de suas promessas. O excesso surgiu embutido no desejo de compatibilização extremada com o objetivo de vincular o pilar da regulação ao da emancipação na busca da realização global da vida coletiva e individual. Concentrou-se aí a tão falada utopia do projeto e sua falência, considerando que cada um dos pilares continha simultaneamente o máximo desejo de compatibilização e uma máxima diferenciação funcional.

O projeto sociocultural da modernidade, iniciado em meados do século XVI, só a partir dos finais do XVII começa a testar seu cumprimento. O momento coincide com a emergência do capitalismo enquanto modo de produção dominante nos países da Europa por ocasião da primeira onda de industrialização. A periodização do processo histórico deste desenvolvimento não é tarefa simples, sobretudo porque as datas do início do processo de industrialização nos diferentes países não coincidem. Não obstante, Souza Santos aponta três períodos:

1) Capitalismo liberal, compreendendo todo o século XIX.

2) Capitalismo organizado, a partir do final do século XIX até as primeiras décadas depois da Segunda Guerra, fase também chamada por outros autores de "monopolista de Estado".

3) Capitalismo desorganizado (tardio para alguns), referido à contemporaneidade.

Traçando os respectivos perfis, no primeiro período o projeto da modernidade surge como ambicioso e contraditório, assombrando o futuro com um déficit irreparável. A tentativa de harmonizar os princípios do Estado, do Mercado e da Comunidade decompõe-se no desenvolvimento sem precedentes do mercado, na atrofia quase total do princípio da comunidade e no desenvolvimento ambíguo do Estado. Delineia-se o grande dualismo Estado/sociedade civil. Crescem a legislação do Estado e as estruturas administrativas para fazer prosperar, contraditoriamente, o princípio do *laissez-faire*, que preconizava o mínimo de Estado.

O pilar da emancipação, segundo o autor, ainda é mais ambíguo durante o capitalismo liberal:

> "É certo que cada uma das três lógicas se desenvolve segundo processos de especialização e de diferenciação funcional tão bem analisados por Weber (1978), processos que, ao mesmo tempo que garantem a maior autonomia a cada uma das esferas (arte/literatura/ ética/direito/ciência/técnica), tornam cada vez mais difícil a articulação entre elas e sua interpenetração na experiência do Lebenswelt, como diria Habermas"[131].

Se isto fica patente na vinculação da ciência com o mercado, na racionalização formal do direito e no elitismo da alta cultura, por outro lado, o pilar da emancipação foi ainda neste período o princípio organizador de manifestações que usavam a globalidade, como o idealismo romântico, o grande romance realista, os projetos socialistas radicais, buscando reconstruir o projeto pela realização dos ideais de autonomia, identidade, solidariedade e subjetividade.

Se nesta primeira etapa o pecado foi o excesso, no segundo período, ou seja, no capitalismo organizado, busca-se eliminar os déficits por uma estratégia de concentração/exclusão. É o máximo de especialização e diferenciação funcional nos diferentes campos e o desejo de deixar de fora o que não pode ser compatibilizado. Policiam-se as fronteiras, evita-se a contaminação. A arte se autonomiza, o Estado se separa mais do cidadão, articulando-se ao mercado. O capital industrial financeiro e comercial concentra-se. Proliferam os cartéis. Em troca, a sociedade se organiza em práticas de classe. Sindicatos e associações patronais disputam o espaço político anteriormente negociado entre os partidos burgueses e as oligarquias. Este processo é ameaçado por alguns momentos como a Revolução Russa e, no nível estético/expressivo, os movimentos vanguardistas do princípio do século, manifestações que posteriormente foram liquidadas pelos fascismos de direita e esquerda ou absorvidas no cânone modernista, já que tentavam, na sua maioria, a articulação arte/vida saindo da compartimentação dominante.

Também o terceiro período, iniciado por volta dos anos 60, assume suas características. O princípio do mercado, agora, adquire sua maior força, extravasando do econômico e tentando colonizar tanto o princípio do Estado quanto o da comunidade.

A Economia multinacional problematiza a configuração espacial do aparelho produtivo e o princípio da comunidade modifica-se paralelamente. As práticas de classe deixam de se traduzir em políticas de classe e os partidos de esquerda perdem conteúdo ideológico. Surgem novas práticas de mobilização social orientadas para reivindicações de tipo ecológico e pacifista. À descoberta de que o capitalismo produzia classes, soma-se agora a de que também produz diferença sexual e racial. Os discursos femininos, homossexuais, negros e das minorias em geral crescem significativamente dentro de uma engrenagem fabricante de diferenças. Cresce o desregramento global de vida econômica, social e política. Discutem-se as possibilidades de um paradigma qualquer, de qualquer classificação. Convive-se com o excesso de escolha e a eliminação da capacidade de escolher.

Ao fim dos monopólios da interpretação (família, Igreja e Estado), atravessa-se a crise da interpretação, a crise da possibilidade de representar.

Neste período de modernização, que se segue aos dois primeiros a que chamaremos respectivamente modernidade e modernismo, os processos sociais e políticos nacionais cedem passo aos interesses dos países hegemônicos a reboque da tecnologia e do primado da informação, constituindo o que Philippe Breton e Serge Proulx chamaram de "Ideologia da Comunicação", que começa a desenvolver-se no período imediatamente posterior às duas guerras mundiais. Para os autores, essa ideologia, que faz da "ação de comunicar" um elemento essencial da nossa cultura, constitui um recurso e uma alternativa às ideologias políticas. Seu caráter utópico apela para uma sociedade "transparente, racional, consensual e, portanto, pretensamente mais harmoniosa"[132].

A discussão em torno da utilização da técnica passa então pela delimitação de seu alcance. Teria deixado de ser instrumental para tornar-se instrumentadora? Estamos diante de uma abertura para a diferença, para maior democracia, ou assistimos ao nascimento de um darwinismo tecnológico? Como acentuou Heidegger, a essência da tecnologia é nada tecnológica, não há neutralidade no seu funcionamento e efeito. Lúcia Santaella[133] narra com propriedade o desenvolvimento das relações entre o homem e a máquina, das máquinas musculares e sensórias ao aparecimento, em meados do século XX, de um modo mais abstrato de se compreender o mecanismo no sentido computacional tal como foi engendrado por Alan Turing. Ali se criavam dispositivos para imitação e simulação de processos mentais que provocam infindáveis discussões sobre os limites entre o homem e a máquina e o processo comunicacional. Segundo Philippe Breton e Serge Proulx[134], o ideal moderno da "comunicação" apóia-se em três transformações radicais:

1) O surgimento de um *homem novo* a partir da importância atribuída a parte da cibernética de Wiener, à comunicação na definição do ser humano.

2) O aperfeiçoamento de uma *nova ideologia* que aponta como "inimigos" o ruído, a entropia e a desorganização.

3) O projeto de uma *nova sociedade*, a "sociedade de comunicação", centrada na circulação da informação, que deverá controlar a complexidade contemporânea.

Com o apelo às metáforas do Frankenstein e do Cibionte[135], quero aludir inicialmente ao fato de que a questão do eletrônico, no complexo informático/comunicacional, participa por um lado de um imaginário maquínico, negativo, agente de desumanização, robotização, descorporificação, desmaterialização e, por outro, positivo, ao respeitar, devido a seu caráter interativo, a crescente complexidade homem/máquina, as incertezas e imprevisibilidades dos devires que vieram substituir o futuro programado do projeto moderno.

4.1 - Frankenstein: a máquina mortífera

O mito Frankenstein refere o universo tecnológico como um novo tipo de controle que reduz o indivíduo à máquina e produz indiferenciação progressiva dos sentidos e incapacidade de discernimento. No limite oposto, o Cibionte, a Cosmopédia e outras utopias crêem propiciar um novo devir antropológico. No primeiro caso, permanece a preocupação do sujeito clássico de controle e expressão de si; do outro, uma troca generalizada marcada pela equivalência.

A discussão em torno deste "monstro amigável" que é o computador e seus usos está em pauta. Lucien Sfez apela para o mito do Frankenstein e sinaliza o fenômeno do tautismo (repetição e autismo)[136] que caracterizaria as novas tecnologias. Privilegia o substantivo "monstro" do sintagma, sinalizando a exacerbação do controle escriturístico por um lado, e a desmesura caótica da postura sistêmica por outro, além da confusão delirante das duas vertentes.

Bem conhecido por sua visão catastrófica, Paul Virilio associa a evolução da tecnociência à produção e ao controle da velocidade e à guerra[137]. Em entrevista ao jornal *O Globo*[138], afirma que o caso Santos Dumont é emblemático quando, depois de ver sua invenção utilizada em combates aéreos, volta ao Brasil e se mata. Sobre a cibernética, num século que ele intitula século dos acidentes, diz que o perigo pode ser total. Depois da bomba atômica, da bomba da informação, da bomba demográfica, vemos explodir a bomba informática, ou seja, a interatividade da informação que se torna equivalente à radioatividade de elementos atômicos, provocando desintegração. Faz a crítica da pseudoneutralização da informação que, em tempo real, provoca uma história sem referências. Aponta o lado negativo da revolução tecnológica, como, por exemplo, a disseminação do uso da *Webcams* (câmaras que mandam imagens para a Internet), que pode ser muito importante socialmente para adquirir um viés orwelliano, da televigilância policial, terminando num monopólio oticamente correto, como por ocasião da morte de Lady Di. Segundo o autor, atualmente, graças às novas tecnologias, privilegia-se o agora em detrimento do aqui. Paralelamente, perde-se o tempo histórico como tempo local em prol de um tempo real, mundial. Poluição do tempo e do espaço e desreferência corporal. A propaganda feita em torno da Internet e das auto-estradas eletrônicas visaria a urbanizar o tempo real num momento em que se desurbaniza o espaço real"[139].

Suas idéias são partilhadas por Jean Baudrillard que parece, entretanto, possuir um sentido irônico-ficcional mais aguçado com o qual investe contra os campeões do virtual de todas as categorias que intitula "os bons apóstolos[140]" da tecnologia. O mundo como *Tela total* discute o curto-circuito entre real e virtual numa só inexistência. Embora o autor não se refira diretamente à questão do livro eletrônico, tudo leva a crer que ele não lhe atribuiria as virtudes que são atribuídas por Lévy no sentido de maior abertura para o diálogo, para ampliações da democracia. Mais que o florescimento da alteridade, o autor talvez visse o reforço da mesmice ou o desaparecimento do eu e do outro numa programação disfarçada em criação. Chama atenção para o perigo da implosão da massa crítica pelo desenvolvimento infinito da conexão universal em todas as redes. "Não há interatividade com as máquinas tampouco entre os homens, de resto, e nisso consiste a ilusão da comunicação. A interface não existe"[141], afirma.

4.2 - O homem simbiótico e o espaço do saber

A passagem "da representação impressa à produção tecnológica: constitui uma abertura à complexidade ou nova estratégia de poder"? É importante discutir as visões simplistas e interessadas que se disfarçam sob o pensamento da ordem pelo ruído, perdendo a idéia do caos como abertura e transformando-o em explicação totalizante. No apelo à literatura houve a intenção de apontar para o espaço do enigma, do aberto a que faz menção Lyotard[142] quando confronta o tempo da arte ao das novas tecnologias, tendo como pano de fundo a complexidade.

No discurso de alguns autores em prol das novas tecnologias e suas possibilidades, parece-me haver uma falta de processualidade, de escuta, de reflexão e um excesso de fala que se aproxima da ficção científica e da futurologia deslumbrada.

Joël de Rosnay aposta, de forma também utópica, apoiado na cultura do caos e do fractal, na criação de uma nova época em que natureza e cultura se conjugam harmoniosamente e se auto-regulam. O que ele denomina Cibionte se oporia ao mito catastrófico representado por Frankenstein. O Cibionte é referido como macroorganismo planetário, atualmente, em construção. Superorganismo híbrido, biológico, mecânico e eletrônico, inclui os homens, as máquinas, as redes, as sociedades. Rosnay faz referência a ele sob várias denominações: macrocélula viva planetária, ecossistema societal, ser vivo macroscópico...[143].

Embora reconheça algumas das misérias que nos cercam, e o faz estatisticamente, a partir do olhar das ciências da complexidade, o autor ousa apontar um futuro para a humanidade, uma espécie de macroonda em escala planetária, vida híbrida – simultaneamente biológica, mecânica e eletrônica. Estaríamos inventando seu metabolismo, sua circulação, seu sistema nervoso através da economia, mercados, rodovias, redes de comunicação ou estradas eletrônicas.

Este organismo é batizado como Cibionte, formado a partir da cibernética e biologia.

Na construção deste organismo planetário, Rosnay tenta estabelecer pontes, interfaces entre o homem e a máquina. O livro eletrônico seria mais que o impresso, uma extensão do humano, e possibilitaria o exercício de um pensamento de linha sistêmica e complexa.

É especialmente fantasiosa a idéia desenvolvida por Rosnay sobre o controle dos fluxos. O governo na ótica simbionômica é um órgão de pilotagem capaz de garantir a condução de um sistema complexo pela cibernética. Rosnay aposta na inteligência coletiva substituindo a fé, o medo, o poder e o egoísmo como motivação para a aventura humana. O papel do governo é manter o sistema societal numa estreita faixa (utópica em minha opinião) entre anarquia e excesso de ordem, a fim de favorecer a criatividade, a inovação social e evolução complexificante, a auto-organização e a co-gestão. A "governança" implicaria uma dinâmica entre o global, o nacional e o pessoal numa ética de solidariedade. O autor estabelece analogias entre o governante e o surfista.

A evolução biológica e sociobiônica da construção do Cibionte já estaria em curso. Aí o homem do futuro não será um super-homem, bio-robô, supercomputador, megamáquina, mas, simplesmente, o homem simbiótico. Mais que dominação do Homo Sapiens, controle do Homo Faber ou a predação e consumo do Homo Economicus, interage o homem simbiótico com o Cibionte e o ecossistema.

Com o conceito de ecologia cognitiva, Pierre Lévy[144] se refere a um coletivo pensante homem/coisas, coletivo dinâmico povoado por singularidades atuantes e subjetividades mutantes na linha deleuziana. Para o autor, a sucessão da oralidade, da escrita e da informática, como modos fundamentais de gestão social do conhecimento, não se dá por substituição, mas por deslocamento do centro de gravidade. Descreve, entretanto, de forma marcada por critérios de seleção e hierarquia, as transformações por que passam, em cada momento por ele demarcado, os processos de identidade, as circunstâncias de tempo e espaço, as visões de sujeito e objeto, enfim, o modo de cada um construir-se no mundo.

Se por um lado ele afirma a coexistência dos espaços da Terra (paleolítico), do Território (do neolítico ao final do século XVIII), do mercantil (século XIX aos nossos dias) e do saber (época atual), por outro atribui ao último espaço a capacidade de criar um saber efetivamente antropológico, um saber coletivo que propicia devires singulares na imanência.

O quarto espaço, o do saber, que ele chama cosmopédia, retomando Michel Serres, oferece um novo tipo de organização dos saberes e possibilita uma gestão dinâmica dos conhecimentos abertos recentemente pela informática.

À desterritorialização da fase mercantil, dinamizada incessantemente pelo capitalismo e pela informática, ao excesso de regulação próprio à fase do Território, ele opõe um espaço multidimensional de representações dinâmicas e interativas onde estaria compreendido, entendemos nós, o livro eletrônico.

Discordamos da visão hiperbólica do autor em cada fase e nos reportamos a algumas observações sobre o papel do livro como saber fechado e de difícil acesso, como estratégia de inscrição do território onde o sujeito do saber é a casta dos especialistas da escrita, os hermeneutas. A diversidade de graus desta longa fase territorial não é explorada pelo autor, que cria uma figura ideal da escrita de forma a poder colocar em relevo o redimensionamento, seja do controle da escrita territorial, seja a desterritorialização do hipertexto mercantil. Protege o espaço em formação onde o saber é imanente ao intelectual coletivo que percorre de forma simples as redes tornadas sempre mais inextricáveis do espaço mercantil. A simplificação, segundo ele, vem como resultado da redução da parte do texto escrito na exposição do saber. Pela simplicidade de imersão se escapa à complexidade e às redes labirínticas do espaço mercantil e ao fechamento do espaço territorial.

O que Lévy parece querer sublinhar é que a técnica hoje, com seus fluxos, atravessa o humano, transforma sua apreensão e nos cabe apenas levá-la a seus limites a cada instante, incorporando-a sempre. Não haveria mais a separação instrumental presente no livro impresso e a política seria a internalização da técnica nas disputas do poder. O autor confessa a certa altura que virou um engenheiro e introjetou a técnica[145].

É importante sublinhar que, apesar de todo o seu interesse por este universo, Lévy classifica o livro eletrônico de um suporte não-linear mais sofisticado, no qual a verdadeira interatividade ainda não foi atingida, como bem demonstra em gráfico[146] que, em *Tecnologias da inteligência*, contrapõe o imaginário da oralidade, da escrita e do eletrônico. Em *Qu'est ce que le virtuel?*[147] desconsidera muito do que se tem apontado como interativo e aposta na criação futura de uma real interação que não se resuma a uma manipulação não-linear de dados, propiciando um trabalho de interpretação.

Arlindo Machado[148], confirmando os limites da interatividade, investe contra as generalidades contidas no conceito e aponta o filme *Smoking, no smoking*, de Alain Resnais, como o melhor exemplo ao nosso alcance.

4.3 - Impresso ou eletrônico?

"Usamos mais megabytes cerebrais quando lemos livros. Acredito nas histórias, então também acredito no futuro do livro. Não gostaria de levar um computador para a cama no lugar de um livro".

Jostein Gaarder

"Livro bom é aquele que a gente lê e parece que está pensando".

Mário Quintana

A discussão sobre a cultura impressa e eletrônica vem alimentando a mídia e questionando o futuro do livro. O editor brasileiro Paulo Rocco[149], em entrevista na Bienal do Livro em 2000, como presidente do Sindicato Nacional dos Editores, afirma que a Feira de Frankfurt é a "crônica da morte anunciada" e sempre adiada. Embora o comércio, a eletronicalização do mercado determinem uma pluralização dos produtos com a circulação de CD-Roms, livros eletrônicos e apresentação de *sites*, também a presença na Feira não parece ser desprezível como lugar de troca de opiniões e discussões sobre as novidades. A forma tradicional do livro estaria chegando ao fim e paradoxalmente nunca se publicou tanto.

Manchete sobre a 17ª Bienal em São Paulo afirma que o livro de papel dá sustento ao eletrônico e que dois anos após ser apresentado como símbolo do futuro, na Bienal anterior, o produto virtual depende do tradicional. As editoras eletrônicas se associam a editoras de livros impressos e, atualmente, muitos editores vêm apontando a versão eletrônica como uma mídia a mais que encontrará um nicho de mercado[150].

Umberto Eco[151] lembra que, em *Fedro*, Hermes, suposto inventor da escrita, apresentou sua invenção ao Faraó Thamus e enalteceu a nova técnica por representar um suporte para a memória. O Faraó, no entanto, retrucou que a memória precisava ser treinada continuamente e que, desta forma, a escrita, poupando-lhe o esforço, seria prejudicial. Hoje, a invenção da escrita não é discutida e foi ela que possibilitou, por exemplo, a obra-prima de Proust sobre a memória espontânea. Se a memória era treinada para lembrar coisas e fatos, depois da invenção da escrita, ela também foi treinada para lembrar livros. Os livros desenvolvem a memória e não a narcotizam. A colocação do Faraó, no entanto, simboliza um eterno medo: o de que uma nova tecnologia possa abolir alguma coisa que consideramos preciosa. É como se o Faraó fosse o primeiro a apontar para a superfície escrita e para uma imagem ideal da memória humana, dizendo: "isto matará aquilo'.

Mais de mil anos depois, Vitor Hugo, em sua *Notre Dame de Paris*, mostra-nos um padre, Claude Frollo, apontando seu dedo para um livro, e depois para as torres e imagens de sua amada Catedral, dizendo: isto matará aquilo (*ceci tuera cela*). O livro mataria a Catedral; o alfabeto mataria imagens.

A história de *Notre Dame de Paris* acontece no século XV, pouco depois da invenção da imprensa. Antes disso, manuscritos eram reservados para uma elite e as imagens das catedrais constituíam a única maneira de ensinar as massas sobre as histórias da Bíblia, a vida de Cristo e dos santos, os princípios morais e mesmo os feitos da história nacional ou noções elementares de geografia e ciências naturais. Uma Catedral medieval era uma espécie de programa de TV permanente e imutável que supostamente formaria o povo sobre o indispensável para seu dia-a-dia e sua salvação eterna. À época, corria a opinião de que o livro teria distraído o povo de seus mais importantes valores, encorajando informações desnecessárias, a livre interpretação das escrituras e curiosidades insanas.

Segundo Umberto Eco, nos dias atuais é curioso que a mídia comece a celebrar o declínio da literariedade e a ascensão do poder das imagens justamente no momento em que na cena mundial aparece o computador que, embora produza e edite imagens e utilize ícones, é sobretudo um instrumento alfabético. Exige leitura e escrita. Neste sentido, poder-se-ia afirmar que o computador nos faz retornar à galáxia de Gutenberg. Por outro lado, se a leitura no computador se dava de forma linear, agora com o hipertexto temos uma rede multidimensional na qual cada ponto ou nó pode ser potencialmente conectado a qualquer outro. A escrita digital dará continuidade à história de alguma coisa matando outra? Ela matará os livros? Umberto Eco discorda desta visão simplista, já que os modos de adquirir conhecimentos foram apenas se multiplicando. Afirma ele que hoje pode-se aprender muito sobre o Império Romano através do cinema, desde que este seja historicamente correto. Um programa educacional em CD-Rom pode explicar genética melhor do que o livro. Na atualidade, o conceito de aprendizagem compreende diversas mídias e dependerá do público visado e dos objetivos a serem alcançados.

O historiador do livro e da leitura Roger Chartier discorre sobre a evolução do livro desde sua fase manuscrita à impressa, quando sua propagação torna possível uma ampliação da liberdade dos indivíduos não mais dependentes de leituras dogmáticas[152]. Para ele, neste período, a estrutura do livro permaneceu basicamente a mesma, com alguma modernização. Agora, com o suporte eletrônico, vivemos a maior de todas as revoluções através de uma estrutura agregativa em que vários recursos novos entram em cena: presença de imagens em movimento, a animação das próprias palavras, a presença de vozes, páginas com várias saídas. Ele busca ver com otimismo, nesta revolução da virtualidade, a chance de se concretizarem alguns ideais defendidos quando o enciclopedismo propunha uma expansão democratizadora do saber, sem deixar de reconhecer possíveis limitações do contexto eletrônico: homogeneização da percepção, leitura apressada por influência da velocidade do meio e proliferação da informação. Tais qualidades, entretanto, como já mencionamos, não são passíveis de uma generalização, mas se inserem no processo de produção, distribuição e recepção das diferentes modalidades do que vem sendo chamado de livro eletrônico.

Inicialmente, havia a intenção de alardear o impacto do novo meio, apresentado de forma utópica ou catastrófica. Havia uma certa indiferenciação nas versões sobre aquele que é apenas disponibilizado e distribuído na rede, como *Riding the Bullet*, de Stephen King; o criado on-line, como os *Anjos de Badaró*, de Mário Prata; os CD-Roms e os *e-books* portáteis. Suas reais potencialidades, em termos de interatividade, hipertextualidade, se confundiam, bem como sua operacionalidade e serventia. Progressivamente, há uma preocupação de discutir suas distintas possibilidades. De qualquer forma, a pauta gira em torno da ultrapassagem do livro impresso, do futuro do livro eletrônico e de seus diversos suportes. *Sites* da Internet disponibilizam toda a evolução dos livros eletrônicos portáteis a partir do imaginário visionário do Dynabook por Alan Kay, estudante de pós-graduação em 1968, que terminou por concretizá-lo durante sua passagem pela Apple com o formato do NewtonBook[153]. Paralelamente outros suportes foram desenvolvidos pela Sony e pela Franklin Electronic Publishers[154] com dicionários eletrônicos e a Bíblia. O texto ainda aparecia linha por linha. Também no início dos anos 90 a Sony desenvolveu o Data Discman[155], também conhecido como Electronic Book Player, com áudio de CDs e livros em CD-Rom[156]. Devido a limitações relacionadas ao tamanho da tela, ao preço, à limitação das capacidades multimidiáticas, o Discman foi substituído pelo Bookman (não confundir com eBookMan)[157]. Franklin produziu outros eBooks portáteis de primeira geração que ainda podem ser encontrados, mas o pouco conforto na utilização e a falta de um canal de distribuição apropriado fizeram com que surgisse o eBookMan, com tela maior e disponibilização de títulos para serem "Dowloaded" da Internet. Na seqüência, os livros eletrônicos oferecidos procuraram aperfeiçoar os serviços, mimetizando, em grande parte, o livro impresso e tentando reduzir o estranhamento da tela eletrônica. Entram, então, em competição o Rocket eBook[158] e o SoftBook[159]. O Softbook foi lançado no Salão do Livro em Paris, em 2000, junto com o Everybook e o Cytale. O Softbook é protegido por uma capa de couro, marcando sua filiação ao grande ancestral. O *e-book* americano, o *Everybook,* abre-se como um verdadeiro livro em duas páginas de leitura, em tela flexível, contando inicialmente com um catálogo de mil títulos.

O livro eletrônico francês, o *Cytale,* é equipado por um processador de 66 Mhz, de uma memória de 8Mb, capaz de estocar 15 mil páginas ou cerca de 30 livros de tamanho médio e será vendido por US$ 595. Como concorrente, já surgiu o "*@folio*", que permite uma leitura frente e verso e os grandes grupos empresariais estão adaptando seus produtos editoriais aos novos suportes eletrônicos.

Matéria de Pierre Courcelles[160] chama a atenção para os 500 anos que separam o livro sem papel ou tinta da Bíblia de Gutenberg[161]. As vantagens do *e-book* são enumeradas (leveza, presença de tela, memória potente) sem esquecer as semelhanças com o livro de papel quanto ao formato.

> "*Era o e-book, ou livro eletrônico, um objeto tão esperto, que um dos modelos lançados tinha uma encadernação de couro para enganar os que achavam que era um livro normal*"[162].

Entre as vantagens apontadas, estão: a alta definição, a portabilidade, o fato de comportar a instalação de dicionário, permitir anotações nas margens e realces das frases em amarelo, como nos livros de papel. Além disso, localiza trechos preferidos ou procurados com a velocidade de um computador. É dotado de uma tela e de uma memória capaz de armazenar até centenas de milhares de páginas de documentos, textos, livros, enciclopédias e jornais. Alguns são programáveis sob certas condições financeiras, quando se trata de obras sobre as quais existem direitos autorais. Pesam algumas centenas de gramas; podem chegar a mais de um quilo, dependendo do modelo.

Como um livro de papel, o *e-book* também tem páginas que são viradas – não passam no sentido vertical, como no computador. Ele permite, de maneira mais ergonômica, que sejam feitas anotações e trechos possam ser sublinhados. A procura de palavras no documento, a possibilidade de constituir índices pessoais e a criação de todos os tipos de compilações de uma obra para outras são, ainda, algumas vantagens sobre o livro de papel.

Por enquanto, parece difícil prever o futuro do livro eletrônico. Talvez desapareça, como vaticinou recentemente Mário Prata, talvez se torne obsoleto, se a tecnologia do *e-ink*, a tinta eletrônica, se impuser.

Essa tecnologia começou a ser estudada há uns vinte anos, nos laboratórios da Xerox, foi abandonada e depois retomada, enquanto no respeitado Media Lab do Massachusetts Insitute of Technology (MIT) uma pesquisa concorrente estava sendo desenvolvida por Joseph Jacobson, que a apresentou em Paris, em 1999. O "livro único" ou "último livro", como é chamado, é composto de várias centenas de páginas em papel eletrônico, no interior do qual foram inseridas microscópicas cápsulas de plástico contendo partículas de carbono (pretas) e de dióxido de titânio (brancas). Aplicando um campo elétrico à superfície desse "papel", atua-se na posição desses dois tipos de partículas, o que permite formar um texto, desenho, imagens em preto e branco e até em cor, com a adição de filtros vermelhos, verdes ou azuis. Este "livro", que será comercializado daqui a alguns anos, poderá estocar 300 livros, terá um formato próximo de um livro de papel normal e não deverá pesar mais do que um livro comum. O fato é que o desenvolvimento das novas tecnologias no que toca ao *hardware* do *e-book* e suas potencialidades não cessa de acontecer[163].

Quanto ao CD-Rom, ir *Em busca do tempo perdido* com Marcel Proust, um dos escritores franceses mais universais do século XX, tornou-se uma atividade interativa que ultrapassa a leitura com uma nova dimensão desta obra. Reunir discurso narrativo e riqueza documental para convidar a ler é o objetivo no qual se fixaram os autores dessa nova obra, produzida pela Biblioteca Nacional da França (BNF) e a editora Gallimard. Construído como um programa interativo, o CD-Rom revela progressivamente a vida e a obra do autor. A navegação funciona por associação de idéias, noções e temas, através de textos escritos, vídeos, trechos sonoros e imagens sobre sua infância, seus pais, sua adolescência, a guerra, os Champs Elysées e os jardins de Paris. O usuário dispõe de uma mediateca proustiana, podendo escolher entre 80 seções temáticas diferentes. Nelas, qualquer amante da obra de Proust poderá aproximar-se de seu autor favorito, como só podiam fazer antes os especialistas com acesso a certos departamentos da Biblioteca Nacional da França. São 300 fragmentos da obra de Proust, 350 documentos iconográficos e 30 minutos de vídeo, além de uma biografia audiovisual interativa.

Em comparação com os hipertextos em CD-Rom que ainda mantêm alguma "característica da obra", na Internet a escrita pode ser potencial e extensível, uma vez que não se trata de textos sob a forma de livro, mas de hipertextos. De textos que, devido à sua estrutura interna remissiva, não podem ser impressos e, por isso, não possuem fronteiras "reais".

Os hipertextos servem para interromper o fluxo de leitura através de redes remissivas interligadas, os links, e para conduzir o leitor a um vertiginoso delírio de possibilidades.

Uwe Wirth[164], analisando a literatura na Internet, chega a várias conclusões: a atenção especial dos autores e críticos de textos online, segundo o autor, não recai tanto sobre a qualidade estilística, como sobre o funcionamento da "máquina hipertextual" no contexto dinâmico da leitura comutável entre vários níveis textuais e os links. Não importa tanto o estilo da escrita, mas o estilo de leitura. Escrever em rede não teria a ver com a literatura no sentido clássico do termo, mas com a medição de novos territórios no espaço temático, com o estabelecimento de paisagens textuais e com a concepção da escrita e da leitura como um ato nômade de deambulação. O leitor seria um dândi ou um detetive informático para navegar na leitura da Internet, ou seja, leitura *orientada* hipertextualmente.

O hipertexto no campo dos meios informativos interativos consiste em levar à letra a metáfora da leitura como escrita. A Internet surge como metáfora das teorias literárias pós-modernas: de um lado, pela noção de hipertexto como um mapa risomático interligado e, por outro, pela noção de hipertexto como texto aberto, que só existe pelo ato de leitura.

O rizoma de Deleuze é apontado como modelo da Internet e de seus hipertextos, que, interligados por *links*, formam uma biblioteca virtual. Nos vem à mente a Biblioteca de Babel de Borges, infinita e cíclica. "O universo (a quem outros chamam biblioteca) compõe-se de imensas e talvez infinitas galerias hexagonais"[165].

Nesta linha de pensamento, o caminho na Internet, se tivermos a preocupação estética, poderá ultrapassar a determinação de nossa posição. O leitor pode libertar-se da obrigatoriedade do linear.

A intertextualidade é caracterizada de maneira geral como diálogo entre livros de uma biblioteca infinita. A intertextualidade em rede não é apenas uma relação com a memória do intérprete, entre o texto atual e a memória do texto. Os dois textos estão igualmente presentes e interligáveis entre si por *links*, estruturados a vários níveis. Através de *links* que ligam passagem do livro a outras, o leitor caminha.

Neste ponto, o leitor pode-se perguntar: por que este *link* e não outro? O que precisa saber um leitor para poder ser um receptor de literatura na Internet? Até que ponto o leitor abre novas perspectivas próprias ao guiar-se pelo método de ligação que lhe é sugerido pela inteligência artificial? Os *links* não são pegadas de animais inofensivos, mas índices prescritos intencionalmente por um autor ou editor, afirma ainda Uwe Wirth. Segui-los ingenuamente assemelhar-se-ia à forma associativa de um *brain storming*, de um dandismo performático fantástico, mas ainda muito longe da aquisição de conhecimento.

Na verdade, a forma detetivesca e a associativa se cruzam. Os saltos associativos são convertidos em hipóteses que se integram por sua vez em ligações argumentativas que são analisadas criticamente. Adivinhar é o primeiro passo para a exposição e seleção de hipóteses interpretativas. Assim instruía William de Baskerville, o mestre detetive medieval de Humberto Eco em *O Nome da Rosa*.

O leitor da leitura na Internet encarna o papel do detetive auditivo que lê as pistas do hipertexto, que segue as linhas e que estabelece uma ligação plausível entre os vários segmentos do texto. Em vez de seguir apenas os *links* fornecidos, o leitor-detetive também tem de procurar e encontrar os *missing links*. Não pode confiar. Na estrutura linear do *link* do hipertexto, tem de decifrar a ligação secreta, as estratégias discursivas e restabelecer a ligação temática das presunções auditivas a partir do tópico, servindo-se do seu instinto de detetive. A audição alcançada sobre uma trama labiríntico/risomática do nosso saber universal enciclopédico visa a uma ordem das coisas provisória e hipotética.

Se o dado estético/criativo da leitura literária na Internet constituir-se numa prática que contemple o acaso e sobredeterminações de um programador, contornaremos o pensamento linear da tradição ocidental.

De uma forma geral, o processo da passagem aos hábitos eletrônicos, ou seja, a incorporação dos novos meios, se faz paulatinamente desafiando os prognósticos sobre mortes ou revoluções. O livro impresso continua a circular, como os manuscritos também o fizeram até o século XIX. As editoras eletrônicas não exterminaram mas fizeram proliferar as pequenas. As livrarias não desaparecerão devido à existência de *sites* como o *Amazon*. Embora haja uma certa ameaça à figura do editor, livreiro, crítico e autor, tais lugares precisam apenas ser revistos. As editoras virtuais fazem seleções de seus autores quando os avalizam em seus *sites*; as livrarias eletrônicas vão muito bem, obrigado, e convivem com as concretas, sem colisão; o crítico não é qualquer pessoa, mas continua sendo aquele que desempenha regularmente esta tarefa em determinada revista ou jornal virtual; o autor não é qualquer emissor, mas aquele que é reconhecido como tal.

Neste contexto, a questão dos direitos autorais vem sendo discutida, gerando diferentes opiniões. John Perry Barlow[166] pensa que o maior controle de expressão ao conteúdo veiculado da Internet é o direito autoral. As leis do *copyright* do mundo material não se aplicam ao virtual. Para o autor, seria a mesma coisa que dizer "você copiou um livro quando leu". Nicholas Negroponte[167] partilha de opinião semelhante, ao afirmar que a lei do direito autoral está totalmente ultrapassada. É um artefato gutenbergiano remanescente da civilização tipográfica e linear. Para Bill Gates, aparecerão novas opções de cobrança – assinaturas mensais, taxas horárias, preços por itens acessados – de forma a existir mais lucros para os fornecedores de informação e obviamente para autores e editores[168]. É preciso não esquecer que o livro impresso já sofria,- via difusão da moda xerox, atentados aos direitos autorais.

O ciberespaço – e mais especificamente a criação on-line – faz parte das respostas à complexidade do mundo contemporâneo. Neste início do século XXI vive-se um verdadeiro choque com o progresso das ciências físicas e biológicas dos últimos trinta anos. A física e a eletrônica levaram ao desenvolvimento da informática e das técnicas de comunicação, aumentando a complexidade das sociedades até pela velocidade das evoluções.

Diante da complexidade, nosso raciocínio permanece em geral analítico, nossa visão do mundo disciplina nossos conhecimentos de natureza enciclopédica, tentando ultrapassar de maneira linear os dados do passado quando, afinal, as evoluções que vivemos não são lineares, mas exponenciais. Até data recente, nossa visão do mundo permanecia alheia às grandes correntes que modelam a ecosfera, a biosfera e a tecnosfera, estando ligada à história. As grandes forças da natureza eram difíceis de serem aprendidas e aplicadas. A questão em torno do livro eletrônico em suas diversas versões está em processo, já que a discussão gira em torno de vários tópicos que se misturam segundo as intenções e habilidades de quem discursa sobre o tema. A interatividade proporcionada pela tecnologia é uma das questões mais exploradas, o que supõe um leitor de nível privilegiado em termos de conhecimento e criatividade. O perigo é que, em se tratando de um infoleitor, as possibilidades do hipertexto se percam. Nem mesmo a função de detetive lhe será adequada. Por outro lado, a produção on-line tem, muitas vezes, apenas a pretensão de veicular o produto, ou de aceitar pequenas intervenções do leitor, o que descaracteriza também as vantagens do novo meio. O exercício do pensamento rizomático deverá ser progressivo, transitando entre as antigas referências, relendo-as à luz das novas possibilidades tecnológicas, sem que isto acarrete a perda do crivo crítico pela ruptura abrupta e pelo desespero da instantaneidade num mundo fragmentário, fluxo sem nexo:

> "*Mergulhados em uma incompreensão total dos signos, nenhuma lógica nos restará a não ser as regras de ouro de manutenção dos mercados, esses sim, definitivamente organizados, racionais e possíveis*"[169].

Como afirma Hélio Jaguaribe[170], em recente colóquio sobre a sobrevivência das obras impressas na era eletrônica, a cultura do papel corresponde, em grande medida, ao papel da cultura. Nas condições anteriormente mencionadas, relativas, de um lado, ao extraordinário incremento do emprego do papel, decorrente das imensas tiragens de jornais e livros e de novos usos do papel e, de outro lado, da vertiginosamente crescente presença da imagem eletrônica, como se configura, presentemente, a equação papel/imagem eletrônica/cultura?

Os problemas com que se defronta o mundo contemporâneo certamente não implicam na eliminação da cultura do papel e da cultura da imagem eletrônica, eliminação que, ademais, seria completamente inviável em ambos os casos. Os problemas da cultura contemporânea têm de ser enfrentados através desses meios de comunicação.

Ainda segundo Jaguaribe, em primeiro lugar, o que está em jogo é, à medida que seja possível, nas condições da sociedade contemporânea, proceder-se, validamente, a uma crítica do hipercriticismo, à desestruturação das desestruturações e, nesse processo, reconstruir a validade de valores transcendentes. Uma reconstrução que só terá sentido e validade se não for apenas uma manifestação das boas intenções de alguns, mas a reconstituição, efetivamente internalizada e generalizada, entre os homens do nosso tempo, da crença em valores e normas de conduta dotados de inerente exigibilidade. Portanto, a trama do impresso e do eletrônico deverá ainda proporcionar releituras críticas e criações.

5 - POR UMA FILOSOFIA POLÍTICA: ARTE E CIÊNCIA

"Criar foi sempre coisa distinta de comunicar"
Gilles Deleuze

"Ah, meu amigo, a espécie humana peleja para impor ao latejante mundo um pouco de rotina e lógica, mas algo ou alguém de tudo faz frincha para rir-se da gente ... E então"?
Guimarães Rosa

A tradição antropológica separou a natureza e a cultura, o homem e o animal, relegando o não conforme a este paradigma ao reino do biologismo, naturalismo e evolucionismo.

Como acentua Arlindo Machado[171], de algum modo sempre existiu uma certa concepção da técnica como algo fundamentalmente estranho ao homem: ao mesmo tempo que o homem produz a técnica, ele não se reconhece na mesma. A ficção científica sinaliza esta ameaça da máquina à identidade humana. Eis a razão por que retomamos aqui a questão das duas visões que se alternam ainda hoje na interpretação do que seja o homem. A naturalista e a construcionista, ambas dando lugar a discursos de poder, seja pela discriminação de alteridades, a partir da biologia no primeiro caso, seja a partir de um furor neo-iluminista, que qualifica os grupos e sociedades de ponta. Os *net* pensadores contra os analfabetos eletrônicos.

No campo propriamente científico, nunca se ignorou que as certezas possuíam o tempo do valor de suas explicações. A luta entre a ciência e o incerto prossegue com as teorias caóticas, fractais, mas o que nos interessa justamente é dimensionar se a pesquisa contemporânea não só coabita com o incerto como o domestica e dele se utiliza de certa forma perversa numa espécie de cartilha do caos.

Morin[172] narra as transformações por que passou sua visão do mundo, da técnica e do humano com o estudo da cibernética, o encontro com Monod (acaso e necessidade), a teoria dos sistemas de Bateson, a dos autômatos de Von Newmann e o pressuposto da ordem pelo ruído de Von Foester. Cessa sua visão mitológica de um cosmo antropológico. Muda o quadro que encerrava a biologia no biologismo, a antropologia no antropologismo, com uma visão insular do homem que ignorava a matéria físico-química e a sociedade. Morin enfatiza a necessidade de uma visão complexa do homem e do mundo e o faz processualmente, o que constitui sua grande virtude.

Uma sociedade constituída pela justaposição de fluxos funcionais abstratos, históricos e de tribos cessa de ser uma sociedade. Neste sentido, a lógica estrutural da era informacional pode trazer a semente de uma barbárie nova e fundamental, sublinha ainda Manuel Castells[173]. A tecnologia não é ciência e máquina, somente, mas social e organizacional, e o *boom* da informática cria fluxos comunicacionais que podem levar a desigualdades e desequilíbrios.

A discussão de Argan sobre as idéias de destino e projeto são oportunas neste momento, quando a tragédia parece constituir-se pela perda da *hybris* e pela grandiloqüência das forças maquínicas com a ameaça de perda de controle sobre o processo histórico. Sem apostas em futuros como prefigurações políticas, é necessário repensar a noção de projeto como dimensão legítima e necessária da história. Contrariamente ao mundo do projeto técnico, onde o que predomina é a comparação e combinação de dados, o lucro e os resultados, no campo estético, o componente crítico está sempre operante como se deduz de preocupação de ajuizar sobre o ser e não-ser da arte. Se pensarmos a relação entre o artesanato e o aparato tecnológico industrial, o que desaparece é o conteúdo crítico. "Sobre um produto dado a priori como ótimo, não se pede um juízo; será quando muito o técnico que reconhecerá que se pode fazer melhor"[174].

Quando Argan analisa a noção do projeto artístico, o faz pensando sobretudo na arte clássica em oposição à lógica industrial. Acentua, entretanto, que a crise surgiu dentro do próprio campo estético (...) "antes que a indústria fizesse expirar e apagasse da face do mundo o valor e a idéia mesma de objeto"[175]. O ponto crítico seria o não finito de Michelângelo. Em Michelângelo e mais ainda na poética romântica do "sublime", à idéia da arte-existência, negada ainda por Leonardo, se associou a poética da morte. Esta poética, como obra de vida inconclusa, contrária, suspensa e precária, foi, como vimos no capítulo dedicado à estética, êmulo em Mallarmé e, no campo da figuração, em Klee, atingindo seu ápice na *work in progress* de Joyce. "Como outrora revelava no objeto a estrutura imóvel do mundo objetivo, hoje a arte encontra a estrutura móvel do mundo"[176].

O encontro da arte com o ciberuniverso, como com outras revoluções técnicas anteriores, é um desafio para a ciência tecnológica e para a arte, no sentido de que a vida não se torne aleatória ou um destino, mas uma progressiva reformulação do sentido de projetar, que deverá estender-se aos dois campos.

A discussão sobre as potencialidades da transformação artística dialoga incessantemente com a ciência, como bem assinala Marco Lucchesi a propósito da física contemporânea[177]. A noção de acaso, por exemplo, há muito questiona a produção artística, sendo determinante nas pinceladas rápidas do Impressionismo, nos poemas sorteados do Dadaísmo, nos *ready-mades* de Duchamp, na escrita automática dos surrealistas, nos movimentos caóticos dos expressionistas abstratos[178].

Por outro lado, o universo das novas tecnologias conclama à arte para tarefa de humanização das mesmas, como prova a temática do livro organizado por Diana Domínguez[179]. Não é nenhuma novidade o fato de que a arte e seu modo de dar-se modificou-se em íntima conexão com a descoberta de novas técnicas e com a simultânea modificação da visão do mundo das épocas que se sucederam. Apesar disto, a morte da arte, a perda de sua aura a partir da reprodutibilidade técnica, é uma discussão que está sempre ganhando corpo. As mudanças do espaço de exposição artístico, novas formas de interação com o público, o tempo efêmero de algumas performances, o emprego e mistura de recursos tecnológicos em instalações, tudo isso – em sendo características do novo dar-se artístico – impõe discussões entre artistas, curadores e críticos numa dinâmica que parece já integrar-se ao processo de criação na distribuição de todos estes elementos.

O que se quis com a proposta de uma filosofia política do encontro entre arte/ciência foram as estratégias que, dando como ultrapassadas as categorias de gênio, criação, mistério e outras, acabam por esvaziar a arte de sua dinâmica, transformando-a em instrumento de produção total do mundo a serviço da técnica.

É sugestiva a discussão de Eduardo Bragança de Miranda a propósito da interatividade como noção fulcral da produção artística e comunicacional contemporânea. Segundo o autor, nos dias atuais, a arte, depois de *flirt* com o poder medieval e, em seguida, com o dinheiro e com as mídias, está de casamento marcado com a técnica. A confusão entre arte e vida, procurada à época do modernismo, perde, segundo ele, seu caráter instigante de negatividade para tornar-se um operador de disseminação do estético na experiência:

> "A negatividade desaparece numa positividade feliz, que o pósmodernismo expressa no convencimento de que chegaram ao fim as

divisões irreconciliáveis da modernidade, entre sujeito e objecto, entre arte e vida, entre actividade e passividade, entre presente e ausente, e todas as outras instauradas pela metafísica e a sua peculiar hierarquização do mundo"[180].

Os teóricos da interatividade apostam numa conexão geral do mundo num viés estético, cabendo à arte a realização desse objeto mundo, sem hierarquias nem indiferença, nomádico e imaterial. A vida entra na arte e não a arte na vida, numa ilusão estética que se insere na ideologia da comunicação a que fizemos referência como fábrica de um mundo despolitizado, aparentemente neutro, na sua mímese tecnológica interativa. Afirma ainda o autor em questão que a relação entre arte e técnica é primordial, dependendo da parcialidade dos processos, dos lances e não do jogo: "arte tem de abalar o desejo de fusão absoluta, impedindo a realização do ciberespaço como espaço universal no qual tudo deveria se integrar"[181].

Fundamental é, pois, pensar a arte como fazer histórico, como bem acentuou Benjamin e retoma hoje Vattimo[182], ao focalizar dois conceitos: *Shock* utilizado por Benjamin e *Stoss* tomado a Heidegger, para remeter à produção e recepção da obra como espaço de organização e desenraizamento constitutivos da arte e da inscrição do sujeito. Os dois conceitos, o de Heidegger e o de Benjamin, têm um aspecto em comum: esta insistência sobre o desenraizamento que exige readaptação com manutenção do estranhamento. A arte é sinal de uma falta que se desdobra na seqüência das obras. O diálogo que ela instala é interativo, se estiver aberto ao que excede ao programa e ao utilizador. Na esteira de Heidegger, Vattimo lembra que o máximo de técnica pode provocar a rememoração daquilo que se rasurou: o Ser. A arte teria a ver não com a instrumentalidade, mas com o desvelamento na obra de gratuidade do mundo, da angústia constitutiva do homem, como ser para a morte.

A questão não é categorizar o objeto artístico a partir de consenso crítico generalizante, mas vivenciar a cada momento os encontros com o objeto artístico de forma a mobilizar a vida entre criação do mundo, do novo, e revelação do nada, do oculto, como provocação infinita. Nada impede que os recursos proporcionados pela eletrônica nos mobilizem desta forma e o encontro com a arte certamente é um fator decisivo nesta dinâmica. Não há um novo tempo, existem mundos a serem construídos sem mesmidade. É por esta via do encontro arte/técnica que pensamos imprimir a esta última uma dinâmica que não se limite à hiperatividade do internauta, mas que provoque interatividade e construção individual e comunitária da cidadania.

A dinâmica de subjetivação proposta por Alain Touraine[183] com a tripartição indivíduo/sujeito/ator auxilia a discutir o novo relacionamento do homem com a máquina, de modo a não envolver catástrofes ou utopias. O retorno do que ele denomina sujeito nada tem a ver com o sujeito clássico implicado no quadro de uma economia escriturística mais impositiva. O sujeito, sempre em processo, seria o lugar da mediação entre o indivíduo e sua especificidade histórica, seus desejos e a sociedade. Neste sentido, nunca haverá um apagamento da singularidade na massa, mas cada um desempenhará o papel de ator, mantendo uma distância da função projetada pela imposição de um papel social (pai, trabalhador, soldado ou cidadão), seja ela impressa no papel ou na tela.

Dar voz aos diversos debates que se desenrolam em torno da técnica nos levou a discutir a ascensão e crise da representação versus uma estética da produção, levando em conta produção das subjetividades pessoais ou nacionais e a questão do controle.

A escolha do viés literário, privilegiado para a análise do livro impresso e seu desdobramento eletrônico, veio dialogar com a tônica atribuída à interatividade como o álibi democrático do livro eletrônico.

Retornamos ao pensamento de Léo Scheer sobre o desmonte das crenças e estrutura que orientaram o projeto moderno. Para o autor, o fim da História fez com que a ordem militar se perdesse na dissuasão, a ordem produtiva capitalista se desvinculasse de suas raízes puritanas e a ordem religiosa passasse a viver da diabolização do mundo. Estas ordens já não apóiam a progressiva instalação da sociedade atual, na qual se torna fundamental o modo de organização das redes. A repartição entre o que pode ser inteligente ou tolo numa rede é algo decisivo para a sua configuração e, para tanto, deve-se examinar o ponto de emissão da nova inteligência pela análise de três novas funções: comunicativa, informativa e comutativa.

A casta da comunicação é representada pela mídia. Em torno do núcleo televisivo reúnem-se todos os que escrevem no domínio da ficção, do saber e da sedução. O ponto de concentração, no qual mais que o debate sobre cultura predomina a criação (religiosa) dos ídolos, localiza-se na emissão. A casta da informação, por sua vez, apóia-se na função produtiva através da informatização da economia e da sociedade. A sua ordem articula-se com as superorganizações pós-capitalistas, filhas da IBM e da Microsoft. Tal como os sistemas das máquinas pedagógicas e educativas, esta ordem tem necessidade de formar os seus cidadãos nos evangelhos dos manuais da educação cívica produzidos de maneira centralizada, sob a forma de *software* que organiza a única inteligência tolerável: a da interface entre o homem e o computador. "A casta da informação é então a paladina daquilo a que chamamos normalmente desregulamentação[184]". A casta da comutação finalmente nasce com o aparecimento da necessidade de fazer circular depressa e em segurança a informação estratégica. O lugar de inteligência situa-se entre o emissor e o receptor. É caracterizado pela facilidade da utilização e pela mutação com uma predisposição à troca e à equivalência. Enquanto a televisão se ocupa da reconstrução e a informática da desconstrução, as telecomunicações têm por encargo a associação de ambas no virtual, diz Scheer.

Voltando à nossa pergunta: caminhamos para uma real visão complexa, na linha apontada sobretudo por Morin, ou para uma "microssofística" do poder eletrônico escrito na cartilha do caos e da complexidade interpretada de forma perversa?

Encontramo-nos na passagem de um modo ideológico de conexão para um modo *software* que pode dispensar a adesão a um sistema de referência, substituído pela simples utilização de um processo lógico ou lúdico: "a verdadeira aposta da civilização futura reside no braço de ferro que começa em torno deste minúsculo mecanismo"[185].

A vitória do *software* acarretará a "informatização da sociedade" baseada na capacidade mágica que a informação adquire de ser produtiva num pacto mundial que favorece o nascimento e a expansão de uma sociedade transcultural e transacional. O acesso aos direitos do cidadão se organizará sobre a única inteligência tolerável, a da interface entre homem/computador? As ações em que está implicado o sistema Microsoft em diversos países depõem a favor da importância desta discussão.

Se a ligação ideológica resistir, se transformar e se introduzir no *software*, então abrirá o caminho a uma socialização da informação. Da luta em torno dos programas informáticos e sua configuração dependerá a maneira como os nossos cérebros vão funcionar. Se as auto-estradas da informação se desenvolverem fora de qualquer dinâmica social e cultural, apenas poderão ser alvo de novos monopólios. A chave desta mutação reside no político que transforma cada terminal num pólo ativo, em que os consumidores transformam-se em utilizadores criativos dos recursos audiovisuais oferecidos, por exemplo, pelo texto eletrônico: a escrita, a imagem e a música.

Os produtos e informações a circularem na rede podem não estar escritos numa globalização irreversível, inevitável da felicidade neoliberal, mas propiciar a instalação de comunidades que respeitem as diferenças, como vem acontecendo nas manifestações contra a globalização impositiva apoiada em dispositivos legitimados por instituições internacionais "que supostamente estariam "acima" da confusão, e, em função de sua "competência técnica", implantariam "as únicas políticas possíveis[186]".

Nem a categoria de linearidade limitadora que tem sido conectada ao imaginário do livro, nem a noção de esperança no milagre tecnológico constituem resposta adequada aos problemas do contemporâneo, se este não for enfrentado como permanente enigma, lugar onde a complexidade não pode virar certeza, nem a tecnologia, deslumbramento lúdico.

É significativa a afirmação de John L. Casti sobre seu livro *Mundos Virtuais*. "É uma pena este livro não estar cheio de cabala matemática, pois se estivesse haveria uma indicação de que tínhamos uma teoria decente dos sistemas complexos. Não temos"[187].

Finalizamos com palavras de Freeman Dyson. "Ao olhar para o futuro, escrevo sobre as coisas que me cabe conhecer – uma pequena porção da ciência e uma parcela ainda menor da tecnologia. Emprego histórias, tanto imaginadas como reais, para explorar o jogo da ciência e da tecnologia com a evolução e a ética. Permaneço em silêncio quanto a temas científicos da moda (...). Para mim, *A máquina do tempo* de Wells dá mais *insight* sobre mundos passados e futuros do que qualquer análise estatística, pois o *insight* exige imaginação"[188].

BIBLIOGRAFIA

ADORNO e outros. *Teoria da cultura de massa*; introdução, comentários e seleção de Luis Costa Lima. 3ª. ed. Rio de Janeiro: Paz e Terra, 1982.

AFONSO, Carlos-Alberto. "Au servie de l'action politique". In: *Le Monde diplomatique*; Manière de voir Hors-série – Internet, l'extase et l'effroi. Paris: Le Monde diplomatique. Out/96.

AMARO, Nuno. *Correio Electrónico*; como utilizar o e-mail. Portugal: Edições CETOP, 1998.

ANTELO, Raul e outros. Declínio da arte, ascensão da cultura. Florianópolis – SC: Obra Jurídica Ltda., 1998.

CHARTIER, Roger. Jornal *Gazeta do Povo*. Caderno G, 08 de março de 1999.

ARGAN, Giulio Carlo. *Projeto e destino*. Trad. Marcos Bagno. Rio de Janeiro: Ática, 2000.

AUGUSTO, Sérgio. Jornal *O Globo*. Segundo Caderno, 31 de maio de 1997.

BARLOW, John Perry. "Um mundo que vai muito além da CNN". In: Jornal *O Globo*. Informática etc., 17 de agosto de 1998.

BAUDRILLARD, Jean. *Tela total*; mito-ironias da era do virtual e da imagem. Trad. Juremir Machado da Silva. Porto Alegre: Sulinas, 1997.

BAUMAN, Zygmunt. "O livro e o diálogo das culturas no momento da mundialização: das relações de produção à produção de relações". Palestra realizada no Colóquio Internacional UNESCO & Fundação Biblioteca Nacional intitulado *O Lugar do Livro*; entre a nação e o mundo. 30/08/2000.

_____. *Globalização*; as conseqüências humanas. Trad. Marcus Penchel. Rio de Janeiro: Jorge Zahar, 1999.

BEIGUELMAN, Giselle. Jornal *Folha de S. Paulo*. Ilustrada, junho de 1997.

BIBLIA SAGRADA. Gênesis, 11. Rio de Janeiro: Barsa, 1964.

BORGES, Jorge Luís. *Ficções*. Trad. Carlos Nejar. 2ª. ed. Porto Alegre: Globo, 1976.

BRAUDEL, Fernand. *Civilisation matérielle, économie et capitalisme, XVe-XVIIIe siècle. Les structures du quotidien: le possible et l'impossible.* Paris: Armand Colin, 1979.

BRETON, Philippe; PROULX, Serge. *A explosão da comunicação.* Trad. Maria Carvalho. 2ª. ed. Lisboa: Bizâncio, 2000.

BURKE, Peter (Org.). *A Escrita da história*; novas perspectivas. Trad. Magda Lopes. São Paulo: UNESP, 1992.

CALVINO, Ítalo. *Seis propostas para o próximo milênio*; lições americanas. Trad. Ivo Barroso. São Paulo: Companhia das Letras, 1990.

CANCLINI, Nestor Garcia. *Consumidores e cidadãos*; conflitos multiculturais da globalização. Rio de Janeiro: UFRJ, 1996.

CASALEGNO, F. de L'hyperlittérature, et à la découverte d'un nouvel environnement communicationnel. In: *Sociétés*; *Revue des Sciences Humaines et Sociales.* n° 62. Paris: De Boeck Université, 1998.

CASSEN, Bernard. "Um novo internacionalismo". In: Jornal *do Brasil.* Le Monde diplomatique, 21 de janeiro de 2001.

CASSIN, Barbara. *L'effet sophistique.* Paris: Gallimard, 1995.

CASTELLS, Manuel. *A sociedade em rede*; A era da informação: economia, sociedade e cultura. V. 1. Trad. Roneide Venâncio Majer. São Paulo: Paz e Terra, 1999.

_____. "Les flux, les réseaux et les identilés: où sont les sujets dans la société informationnelle". In: CASTELLS Manuel e outros. *Penser le sujet*; autour d'Alain Touraine. Paris: Fayard, 1995.

CASTI, John L. *Mundos Virtuais*; como a computação está mudando as fronteiras da ciência. Trad. Paulo César Castanheira. Rio de Janeiro: Revan, 1998.

CERTEAU, Michel de. *A invenção do cotidiano*; artes de fazer. Petrópolis, RJ.: Vozes, 1994.

_____. *La fable mystique*: XVIe - XVIIe siècle. Paris: Gallimard, 1982.

CHAPPEL, Warren. *A Short History of the Printed Word*. Nova York: New York Times, 1971.

CHARTIER, Roger. *A aventura do livro*; do leitor ao navegador. Trad. Reginaldo de Moraes. São Paulo: Fundação Editora da UNESP, 1998.

_____. *Os desafios da escrita*. Trad. Fulvia M. L. Moretto. São Paulo: Ed. UNESP, 2002.

_____. *A ordem dos livros*; leitores, autores e bibliotecas na Europa entre os séculos XIV e XVIII. Trad. Mary Del Priori. Brasília: Ed. Universidade de Brasília, 1999.

CAIAFA, Janice. *Nosso Século XXI*; notas sobre arte, técnica e poderes. Rio de Janeiro: Relume Dumará, 2000.

COSTA, Mário. *L'estetica della comunicazione;* cronologia e documenti. Salermo: Palladio, 1988.

COURCELLES, Pierre. "O livro eletrônico e a obra única". In: *Jornal do Brasil*. Idéias, 01 de abril de 2000.

COUTINHO, Carlos Nelson. *A democracia como valor universal*. São Paulo: Livraria Editora Ciências Humanas, 1980.

DELEUZE, Gilles; GUATTARI, Félix. *Mil platôs*; capitalismo e esquizofrenia. v. 3. Rio de Janeiro: Ed. 34, 1995.

DERRIDA, Jacques. *A escritura e a diferença*. São Paulo: Perspectiva, 1971.

Diário Econômico. Caderno Empresas & Mercados. Porto, 5 de abril 2000.

DIZARD, Wilson P. *A nova mídia*; a comunicação de massa na era da informação. Trad. Edmond Jorge. Revisão técnica Tony Queiroga. Rio de Janeiro: Jorge Zahar, 1998.

DOMÍNGUEZ, Diana. (Org.). *Arte no século XXI*; a humanização das tecnologias. São Paulo: UNESP, 1997.

DUARTE RODRIGUES, Adriano e outros. *Revista de Comunicação e Linguagens*. Lisboa: Centro de Estudos de Comunicação e Linguagens (CECL), 1988.

DYSON, Freeman. *Mundos imaginados*; conferências Jerusalém-Harvard. Trad. Cláudio Weber Abramo. São Paulo: Companhia das Letras, 1998.

FABRE, Maurice. *Histoire de la communication*. Paris: Editions Rencontre, 1963.

FEATHERSTONE, M.; HEPWORTH, M.; TURNER, Bryan S. (eds). *The body*: social process cultural theory. London: Sage Publications, 1993.

FEBVRE, Lucien; JEAN MARTIN, Henry. *O aparecimento do livro*. São Paulo: UNESP/HUCITEC, 1992.

FOUCAULT, Michel. *As palavras e as coisas*. 7ª. ed. São Paulo: Martins Fontes, 1995.

GANDELMAN, Henrique. *De Gutenberg à Internet*; direitos autorais na era digital. Rio de Janeiro: Record, 1997.

GIANNETTI, Cláudia (ed.). *ARS Telemática; Telecomunicações, Internet e Ciberespaço*. Lisboa: Relógio d'Água, 1998.

GILLES, Bertrand. *Histoire génerale des techniques*, tomo 2; *Les premières étapes du machinisme*. Paris: PUF, 1965.

GIL, José. *Fernando Pessoa ou a metafísica das sensações*. Lisboa: Relógio d'Água, S/D.

_____. *Metamorfoses do corpo*. 2ª. ed. Lisboa: Relógio d'Água, 1997.

GINZBURG, Carlo. *O queijo e os vermes*; o cotidiano e as idéias de um moleiro perseguido pela inquisição. Trad. Betânia Amoroso. São Paulo: Companhia das Letras, 1987.

GOBIN, Marie. "Avez-vous des messages?". In: *Le Lire*: comment la technologie modifie l'écriture (Internet, traitement de texte, e-mail). n. 284. Paris: Larousse, abril 2000.

GRAY, John. "O mito do progresso". In. Revista *Margem*; Mitologias do presente. n. 11. São Paulo: EDUC, 2000.

GUATTARI, Félix. *As três ecologias*. Paris: Fayard, 1995.

_____. *Caosmose*; um novo paradigma estético. Trad. Ana Lúcia de Oliveira e Lúcia Cláudia Leão. Rio de Janeiro: Ed. 34, 1992.

GUILLERMO, Giucci. "Máquinas e estética". In: Revista *Lugar Comum*. n. 8. maio-agosto 1999.

HALLEWELL, Lawrence. *O livro no Brasil*. Trad. Maria da Penha Vila Lobos e Lólio Lourenço de Oliveira. São Paulo: T. A. Queiróz/UNESP, 1985.

JABOR, Arnaldo. "Algumas profecias para o milênio que começa". In: Jornal *Folha de S. Paulo*. Ilustrada, 26 de dezembro de 2000.

JAGUARIBE, Hélio. "Cultura do papel". In: *Jornal do Brasil*. Idéias/Livros, 20 de março de 1999.

LÉVY, Pierre. *A inteligência coletiva*; por uma antropologia do ciberespaço. Trad. Luiz Paulo Rouanet. São Paulo: Loyola, 1998.

_____. *As tecnologias da inteligência*; o futuro do pensamento na era da informática. Trad. Carlos Irineu da Costa. Rio de Janeiro: Ed. 34, 1993.

_____. *Qu'est-ce que le virtuel?* Paris: La Découverte (Sciences et Société), 1995.

LYOTARD, Jean-François. *O inumano*; considerações sobre o tempo. Lisboa: Estampa, 1990.

MACHADO, Arlindo. *Máquina e imaginário*; o desafio das poéticas tecnológicas. 2ª. ed. São Paulo: EDUSP, 1996.

MARCONDES FILHO, Ciro. Revista *Atrator estranho*. São Paulo: ECA.

_____. *Cenários do novo mundo*. São Paulo: Edições NTC, 1998.

MARQUES PEREIRA, Nuno. *Compêndio Narrativo do Peregrino da América*, 2 vs. Rio de Janeiro: Publicações da Academia Brasileira de Letras. 6ª. ed., 1939.

MARTÍN-BARBERO, Jesús. *Dos meios às mediações*; comunicação, cultura e hegemonia. Trad. Ronald Polito e Sérgio Alcides. Rio de Janeiro: UFRJ, 1997.

MARTINS, Wilson. "Direitos autorais no ciberespaço". In: Jornal *O Globo*. Prosa & Verso, 7 de junho de 1997.

MATTELART, Armand. *A invenção da comunicação*. Lisboa: Epistemologia e Sociedade, 1996.

MONTEIRO, Elis. *Jornal do Brasil*. Caderno Internet, 13 de abril de 2000.

MORIN, Edgar e Outros. *O problema epistemológico da complexidade*. Lisboa: Europa/América, (s/d).

NAFFAH NETO, Alfredo. "As trezentas vozes de Maria Callas". In: *Cadernos de subjetividade*. v. 5. n. 2. São Paulo: EDUC, 1997.

NAJMANOVICH, Denise. "O sujeito encarnado: limites, devir e incompletude". In: *Cadernos de subjetividade*. v. 5. n. 2. São Paulo: EDUC, 1997.

NEGROPONTE, Nicholas. *A vida digital*. São Paulo: Companhia das Letras, 1995.

O Globo. Primeiro Caderno, 11 de novembro de 1998.

O Globo. Informática, 12 de abril de 1999.

PÉCORA, Alcir. "Literatura". In: Revista *Mais* – Milênio para iniciantes; um guia para entender o futuro. Jornal *Folha de S. Paulo*, 31 de dezembro de 2000.

PERNIOLA, Mário. *Enigmas*; o momento egípcio na sociedade e na arte. Trad. Cátia Benedetti. Venda Nova: Bertrand, 1994.

PESSOA, Fernando. *Textos filosóficos*. vol. I. Lisboa: Ática, 1968.

PIRES, Paulo Roberto. "O progresso científico é uma catástrofe"; pensador francês lembra Santos Dumont como profeta e critica o entusiasmo em relação a tecnologias como a Internet. In: Jornal *O Globo*. Segundo Caderno, 12 de abril de 1998.

PLATÃO. *Diálogos I*. Rio de Janeiro: Ediouro, 1996.

RANCIÈRE, Jacques. *Políticas da escrita*. Rio de Janeiro: Ed. 34, 1995.

Trip. Ano 14. São Paulo, setembro 2000.

RIANI, Mônica. *Jornal do Brasil*. Caderno B, 24 de setembro de 2000.

RIDGE, A. H. *La Poste*; lien universel entre les hommes. Suiça: VIE. ART. CITÉ, 1974.

ROCCO, Paulo. "Feira de Frankfurt adia sua morte outra vez". In: Jornal *Folha de S. Paulo*. Ilustrada, 17 de outubro de 2000.

RODRIGUES Duarte, Adriano e outros. *Revista de Comunicação e Linguagens*. Lisboa: Centro de Estudos de Comunicação e Linguagens (CECL), 1988.

ROLAND, Barthes. *S/Z*. Paris: Seuil, 1970.

ROSNAY, Joël de. *O homem simbiótico*; perspectivas para o terceiro milênio. Trad. Guilherme João de Freitas Teixeira. Petrópolis, RJ.: Vozes, 1997.

SANTAELLA, Lúcia. "Cultura, tecnológica & corpo biocibernético". In: Revista *Margem*; tecnologia, cultura. n. 8. São Paulo: EDUC, 1998.

SANT'ANNA, Affonso Romano de. Jornal *O Globo*. Segundo Caderno, 31 de março de 1999.

SANTIAGO, Silviano. "Cultura". In: Revista *Mais* – Milênio para iniciantes; um guia para entender o futuro. Jornal *Folha de S. Paulo*, 31 de dezembro de 2000.

SANTOS, Boaventura de Souza. *Pela mão de Alice*; o social e o político na pós-modernidade. São Paulo: Cortez, 1995.

SCHEER, Léo. *A democracia virtual*. Trad. Maria da Conceição Pereira dos Santos. Revisão científica Jorge Rosa. Lisboa: Século XXI, 1997.

SERRES, Michel. *Atlas*. Paris: Champs/Flammarion, 1994.

SERRO, Rosane. *Jornal do Brasil*. Internet, 30 de março de 2000.

SFEZ, Lucien. *Crítica da Comunicação*. Trad. Maria Stela Gonçalves e Adail Ubirajara Sobral. São Paulo: Loyola, 1994.

THOMAS, Souto Corrêa. "Que o fim do papel não seja o fim da leitura". In: *Jornal da ABI*, edição especial. Ano VI. n. 6, 2000.

THOMPSON, John B. *A mídia e a modernidade*; uma teoria social de mídia. Trad. Wagner de Oliveira Brandão. Revisão da tradução Leonardo Corretzer. Petrópolis, RJ.: Vozes, 1998.

TOCQUEVILLE, Alexis de. *De la démocratie en Amérique*. 2 vols., Paris: Gallimard, 1951.

TOURAINE, Alain. *Critique de la modernité*. Paris: Fayard, 1992.

TSU, Victor Aiello. *Folha de S. Paulo*. Caderno Mais!, 24 de setembro de 2000.

VATTIMO, Gianni. *A sociedade transparente*. Trad. Hossein Shooja e Isabel Santos. Lisboa: Antropos, 1989.

VERÍSSIMO. Jornal *O Globo*, 15 de julho de 1999.

VILCHES, Lorenzo. "Da audiência dos meios ao usuário interativo". In: Revista *Margem*; tecnologia, cultura. n. 8. São Paulo: EDUC, 1998.

VILLAÇA, Nízia. *Paradoxos do pós-moderno*; sujeito & ficção. Rio de Janeiro: UFRJ, 1996.

_____. *Em pauta*; corpo, globalização e novas tecnologias. Rio de Janeiro: Mauad/CNPq, 1999.

VILLAÇA, Nízia; GÓES, Fred. *Em nome do corpo*. Rio de Janeiro: Rocco, 1998.

VILLAÇA, Nízia e outros. *Que corpo é esse?* – novas perspectivas. Rio de Janeiro: Mauad, 1999.

VIRILIO, Paul. *A bomba informática*. Trad. Luciano Vieira Machado. São Paulo: Estação Liberdade, 1999.

_____. *Cybermonde la politique du pire*. Paris: Textuel, 1996.

WERNECK SODRÉ, Nelson. *A história da imprensa no Brasil*. Rio de Janeiro: Civilização Brasileira, 1966.

XEXÉO, Artur. Nem só de 'e-mails' vive um colunista. In. *Jornal do Brasil*, Caderno B, 5 de dezembro de 1999.

WEBIBLIOGRAFIA

http://www.uol.com.br/bibliot/bloomsday

www.terra.com.br/marioprata

http://www.editions-cylibris.fr/

http://www.cyberscol.qc.ca/CyberProjts/Ficiton/

www.mcluhanmedia.com

http://www.italynet.com/columbia/internet.htm

http:www.ariadne.ac.uk/issue29/wilson

http:www.franklin.com/ebookman/

http:www.iath.virginia.edu/elab/hfl0014.html

http:www.iath.virginia.edu/elab/hfl0125.html

http:www.franklin.com/estore/platform/bookman/

http:www.planetebook.com/mainpage.asp?webpageid=15&TBToolID=1115

http:www.planetebook.com/mainpage.asp?webpageid=15&TBToolID=1116

www.bl.uk

http://prodigi.bl.uk/gutenbg

http://www.peanutpress.com/

http://www.mobipocket.com/

http://www.koreaebook.co.kr/

http://www.ipm-net.com/eng/products/appliances/myfriend/

http://www.openebook.org/

http://news.bbc.co.uk/hi/english/sci/tech/newsid_1292000/1292852.stm

http://www.firstmonday.dk/issues/issue6_6/lynch

http.//www.mqp.com/fun/gb.htm

http://eboni.cdlr.strath.ac.uk/

http://www.jiscmail.ac.uk/lists/open-eboni.html

http://www.no.com.br

http:www.museuvirtual.com.br

http://www.oulipo.net

http://www2.ec-lille.fr/-book/oulipo

http://www.formules.net

http://www.graner.net/nicolas/OULIPO

NOTAS

[1] SERRES, Michel. *Atlas*. Paris: Champs/Flammarion, 1994.

[2] JOHNSON, Steven. *Cultura da interface*: como o computador transforma nossa maneira de criar e comunicar. Trad. Maria Luísa X. de A. Borges. Rio de Janeiro: Jorge Zahar Ed., 2001.

[3] BEIGUELMAN, Giselle. In: Jornal *Folha de S. Paulo*. Ilustrada, junho de 1997. p. 10. Ensaios sobre o assunto são acessíveis por meio do site do Blomscyberday: http://www.uol.com.br/bibliot/bloomsday.

[4] SANT'ANNA, Affonso Romano de. In: Jornal *O Globo*. Segundo Caderno, 3l de março de 1999. p. 8. E-mail: Santanna@novanet.com.br

[5] JOHNSON, Steven. Op. cit., p. 8.

[6] THOMPSON, John B. *A mídia e a modernidade*; uma teoria social de mídia. Trad. Wagner de Oliveira Brandão. Revisão da trad. Leonardo Corretzer. Petrópolis, RJ.: Vozes, 1998. p. 19.

[7] MARTÍN-BARBERO, Jesús. *Dos meios às mediações*; comunicação, cultura e hegemonia. Trad. Ronald Polito e Sérgio Alcides. Rio de Janeiro: UFRJ, 1997. p. 285.

[8] ARGAN, Giulio Carlo. *Projeto e destino*. Trad. Marcos Bagno. Rio de Janeiro: Ática, 2000. p. 7-83. Ver discussão arte/história/tecnologia. Segundo o autor uma investigação séria sobre a evolução tecnológica não pode prescindir da questão da arte como componente constante na designação de modelos de valor no processo histórico. A tecnologia correria o risco de des-historieizar o comportamento humano e a si mesmo, revogando a ligação que no passado manteve com a arte.

[9] MARTÍN-BARBERO, Jesús. Op. cit., p. 259.

[10] VIRILIO, Paul. *A bomba informática*. Trad. Luciano Vieira Machado. São Paulo: Estação Liberdade, 1999. p. 11.

[11] DIZARD, Wilson P. *A nova mídia*; a comunicação de massa na era da informação. Trad. Edmond Jorge; revisão técnica, Tony Queiroga. Rio de Janeiro: Jorge Zahar, 1998.

[12] PÉCORA, Alcir. "Literatura". In: Revista *Mais* – Milênio para iniciantes; um guia para entender o futuro. Folha de São Paulo. 31 de dezembro de 2000. p. 15.

[13] Jornal *O Globo*, Primeiro Caderno. 11 de novembro de 1998. p. 5 e Jornal *O Globo*. Caderno Informática. 12 de abril de 1999. p. 4.

[14] BAUMAN, Zygmunt. "O livro e o diálogo das culturas no momento da mundialização: das relações de produção à produção de relações". Palestra realizada no Colóquio Internacional UNESCO & Fundação Biblioteca Nacional intitulado *O Lugar do Livro*: entre a nação e o mundo. 30 de agosto de 2000.

[15] KUNDERA, Milan. Apud BAUMAN, Zigmunt. Op. cit., p. 3.

[16] AUGUSTO, Sérgio. Jornal *O Globo*. Segundo Caderno, 31 de maio de 1997. p. 4.

[17] MATTELART, Armand. *A invenção da comunicação*. Lisboa: Epistemologia e Sociedade, 1996. p. 17.

[18] GUATTARI, Félix. *Caosmose*; um novo paradigma estético. Trad. Ana Lúcia de Oliveira e Lúcia Cláudia Leão. Rio de Janeiro: Ed. 34, 1992. p. 159.

[19] Ver sobre o assunto: CASSIN, Barbara. *L'effet sophistique*. Paris: Gallimard, 1995.

[20] SCHEER, Léo. *A democracia virtual*. Trad. Maria da Conceição Pereira dos Santos. Revisão científica Jorge Rosa. Lisboa: Edições Século XXI, 1997. p. 9-17.

[21] COUTINHO, Carlos Nelson. *A democracia como valor universal*. São Paulo: Livraria Editora Ciências Humanas, 1980. p. 27.

[22] VERÍSSIMO. Jornal *O Globo*, 15 de julho de 1999. p. 7.

[23] Ver COUTINHO, Carlos Nelson. Op. cit. p., 57.

[24] CHARTIER, Roger. *A aventura do livro*; do leitor ao navegador. Trad. Reginaldo de Moraes. São Paulo: Fundação Editora da UNESP, 1998. p. 7-19.

[25] Ver COSTA LIMA, Luís. "Comunicação e cultura de massa". In: Adorno e outros. *Teoria da cultura de massa*; introdução, comentários e seleção de Luís Costa Lima. 3ª. ed. Rio de Janeiro: Paz e Terra, 1982. p. 13-68.

[26] Ver sobre o assunto transcrição do 32º Workshop, "o saber na sociedade atual". In: *Atrator estranho*. Revista coordenada por Ciro Marcondes Filho. São Paulo: ECA.

[27] PERNIOLA, Mário. *Enigmas*; o momento egípcio na sociedade e na arte. Trad. Cátia Benedetti. Venda Nova: Bertrand, 1994. p. 40.

[28] Idem, ibidem. p. 10.

[29] BRETON, Philippe; PROULX, Serge. "O Renascimento ou a renovação da comunicação". In: *A explosão da comunicação*. Trad. Maria Carvalho. 2ª. ed. Lisboa: Bizâncio, 2000. p. 52.

[30] THOMPSON, John B. Op. cit., p. 25.

[31] BRETON, Philippe; PROULX, Serge. Op. Cit., p. 52-65.

[32] FOUCAULT, Michel. *As palavras e as coisas*. 7ª. ed. São Paulo: Martins Fontes, 1995. p. 61-91.

[33] CERTEAU, Michel de. *A invenção do cotidiano*; artes de fazer. Petrópolis, RJ.: Vozes, 1994. p. 221-258.

[34] CHARTIER, Roger. *A ordem dos livros*; leitores, autores e bibliotecas na Europa entre os séculos XIV e XVIII., Trad. Mary Del Priori. Brasília: Ed. Universitária de Brasília, 1999. p. 7.

[35] SFEZ, Lucien. *Crítica da Comunicação*. Trad. Maria Stela Gonçalves e Adail Ubirajara Sobral. São Paulo: Loyola, 1994. p. 41.

[36] BRETON, Philippe; PROULX, Serge. Op. cit., p. 66-79.

[37] Idem, ibidem. p. 72.

[38] Idem, ibidem. p. 73.

[39] SANTIAGO, Silviano. "Cultura". In: Revista *Mais* – Milênio para iniciantes; um guia para entender o futuro. Folha de São Paulo. 31 de dezembro de 2000. p. 7.

[40] PLATÃO. *Diálogos I*. Rio de Janeiro: Ediouro, 1996. p. 179.

[41] RANCIÈRE, Jacques. *Políticas da escrita*. Rio de Janeiro: Ed. 34, 1995. p. 63.

[42] CERTEAU, Michel de. *La fable mystique*: XVIe - XVIIe siècle. Paris: Gallimard, 1982. p. 20.

[43] CERTEAU, Michel de. *A invenção do cotidiano*; artes de fazer. Op. cit., p.223.

[44] JABÈS, Edmond et la question du livre. Apud DERRIDA, Jacques. *A escritura e a diferença*. São Paulo: Perspectiva, 1971. p. 74.

[45] CASTI, John L. *Mundos virtuais*; como a computação está mudando as fronteiras da ciência. Trad. Paulo César Castanheira. Rio de Janeiro: Revan, 1998. p. 9.

[46] BARBERO-MARTÍN, Jesús. Op. cit., p. 23-42.

[47] TOCQUEVILLE, Alexis de. *De la démocratie en Amérique*. 2 vols., Paris: Gallimard, 1951.

[48] BARBERO-MARTÍN, Jesús. Op. cit., p. 258-308.

[49] RIANI, Mônica. In: *Jornal do Brasil*. Caderno B, 24 de setembro de 2000. p. 1-2.

[50] Idem, ibidem, p. 1-2.

[51] TSU, Victor Aiello. In: *Folha de S. Paulo*. Caderno Mais!, 24 de setembro de 2000. p. 6.

[52] Ver www.terra.com.br/marioprata

[53] VILCHES, Lorenzo. "Da audiência dos meios ao usuário interativo". In: Revista

Margem, tecnologia, cultura. n. 8. São Paulo: EDUC, 1998. p. 111-126.

[54] Ler sobre o assunto: "O advento da interação mediada". In: THOMPSON, John B. Op. cit., p. 77-107.

[55] GINZBURG, Carlo. *O queijo e os vermes*; o cotidiano e as idéias de um moleiro perseguido pela inquisição. Trad. Betânia Amoroso. São Paulo: Companhia das Letras, 1987.

[56] DARNTON, Robert. "História da leitura". In: *A escrita da história*; novas perspectivas. Peter Burke (org.). Trad. Magda Lopes. São Paulo: UNESP, 1992. p. 199-236.

[57] Idem, ibidem.

[58] Idem, ibidem.

[59] Idem, ibidem.

[60] FEBVRE, Lucien; JEAN MARTIN, Henry. *O aparecimento do livro*. São Paulo: UNESP/HUCITEC, 1992. p. 355-447.

[61] MARCONDES FILHO, Ciro. *Cenários do novo mundo*. São Paulo: Edições NTC, 1998. p. 38.

[62] BRETON, Philippe; PROULX, Serge. Op. cit., p. 52-65.

[63] Ver sobre o assunto: BRAUDEL, Fernand. *Civilisation matérielle, économie et capitalisme, XVe-XVIIIe siècle. Les structures du quotidien: le possible et l'impossible*. Paris: Armand Colin, 1979. FABRE, Maurice. *Histoire de la communication*. Paris: Editions Rencontre et Erik Nitsche International, 1963. GILLES, Bertrand. "L'évolution de la civilisation technique". In: *Histoire générale des techniques*, tomo 2; *Les premières étapes du machinisme*. Paris: PUF, 1965.

[64] WERNECK SODRÉ, Nelson. *A história da imprensa no Brasil*. Rio de Janeiro: Civilização Brasileira, 1966.

[65] Ver COUTINHO, Carlos Nelson. Op. cit., p. 67..

[66] MARQUES PEREIRA, Nuno. *Compêndio Narrativo do Peregrino da América*, 2 vs., notas e estudos de Varnhagen, Leite de Vasconcelos, Afrânio Peixoto, Rodolfo Garcia e Pedro Calmon. Rio de Janeiro: Publicações da Academia Brasileira de Letras, 6ª. ed., 1939. Ver também a tese Genealogias peregrinas do imaginário colonial brasileiro ao barroco contemporâneo defendida na ECO/UFRJ por Maria Nelida Sampaio Ferraz, em 1999.

[67] MATTELART, Armand. Op. cit., p. 379.

[68] LYOTARD, Jean François. *O inumano*; considerações sobre o tempo. Lisboa: Estampa, 1990. p. 23.

[69] RANCIÈRE, Jacques. Op. cit., p. 380.

[70] BIBLIA SAGRADA. Gênesis, 11. Rio de Janeiro: Barsa, 1964. p. 8.

[71] LÉVY, Pierre. As tecnologias da inteligência; o futuro do pensamento na era da informática. Trad. Carlos Irineu da Costa. Rio de Janeiro: Ed. 34, 1993. p. 127.

[72] PERNIOLA, Mário. Op. cit., p. 105.

[73] Idem, Ibidem p. 106.

[74] VLASSELAERS, Joris. "Tecnologia mediática e inovação literária". In: ANTELO, Raul e outros. Declínio da arte, ascensão da cultura. Florianópolis – SC: Obra jurídica Ltda., 1998. p. 177-187.

[75] COSTA LIMA, Luís. Op. cit., p. 55.

[76] Idem, Ibidem p. 182.

[77] BARBERO-MARTÍN, Jesús. Op. cit., p. 170.

[78] CALVINO, Ítalo. Seis propostas para o próximo milênio; lições americanas. Trad. Ivo Barroso. São Paulo: Companhia das Letras, 1990. p. 138.

[79] MACHADO, Arlindo. Máquina e imaginário; o desafio das poéticas tecnológicas. 2ª. ed. São Paulo: EDUSP. p. 165.

[80] Idem, Ibidem p. 133.

[81] Ver sobre o grupo: "A ressignificação do mundo". In:Revista Cult 52. Ano V, 2001. pp. 47-53.

[82] GUILLERMO, Giucci. "Máquinas e estética". In: Revista Lugar Comum, n. 8, maio-agosto 1999. O autor analisa o impacto da mecanização da cultura através sobretudo de Mário Morasso. La nuova arma . La machina (1905); Edward Mayer. Technik und Kuttur (Berlin, 1906) e outros.

[83] ROLAND, Barthes. S/Z. Paris: Seuil, 1970. Sur l'hypertexte et l'évolution de la littérature voir aussi P. Georg Londow, Hypertex. The convergence of contemporary critical theory and technology, Éd. The Johns Hopkins University Press, Baltimore, USA, 1992.

[84] CASALEGNO, Federico. de L'hyperlittérature, et à la découverte d'un nouvel environnement communicationnel. In: Sociétés Revue des Sciences Humaines et Sociales, nº 62, Paris: De Boeck Université, 1998.

[85] Ver: http://www.editions-cylibris.fr/

[86] Ver: http://www.cyberscol.qc.ca/CyberProjets/Fiction/

[87] Apud CHARTIER, Roger. In: Jornal *Gazeta do Povo*. Caderno G, 08 de março de 1999. p. 3.

[88] Ler sobre o assunto: "Redescobrindo o povo; a cultura como espaço de hegemonia". In: MARTÍN-BARBERO, Jesús. Op. cit., p. 90-115.

[89] Revista *Trip*. Ano 14. São Paulo, setembro de 2000.

[90] THOMPSON, John B. Op. cit., p. 19-46.

[91] CERTEAU, Michel de. Op. cit., p. 238.

[92] Ver sobre o novo estatuto corporal no horizonte das novas tecnologias: SANTAELLA, Lúcia. "Cultura, tecnológica & corpo biocibernético". In: Revista *Margem*; tecnologia, cultura. n. 8. São Paulo: EDUC, 1998. p. 33-44.

[93] COSTA, Mário. "Corpo e redes". In: DOMÍNGUEZ, Diana. (Org.). *Arte no século XXI*: A humanização das tecnologias. São Paulo: UNESP, 1997.

[94] Ver JOHSON, Steven. *Cultura da interface*; como o computador transforma nossa maneira de criar e comunicar. Trad. Maria Luíza X. de A. Borges. Rio de Janeiro: Jorge Zahar, 2001.

[95] GUATTARI, Félix. Op. cit., p. 157.

[96] LINS, Daniel. "Lampião: corpo, estética e ambigüidade trágica". In: *Cadernos de subjetividade*/Núcleo de Estudos e Pesquisas da Subjetividade do Programa de Estudos Pós-Graduados em Psicologia Clínica da PUC-SP – vol. 5, n. 2. São Paulo: EDUC, 2º sem 1997. pp. 383-399.

[97] CASTELLS, Manuel. "Les flux, les réseaux et les identités: où sont les sujets dans la societé informationnelle"? In: CASTELLS, Manuel et alli. *Penser le sujet*; autour d'Alain Touraine. Sobre o assunto ver também GUATTARI, Félix. *As três ecologias*. Paris: Fayard, 1995.

[98] NAFFAH NETO, Alfredo. "As trezentas vozes de Maria Callas". *Cadernos de subjetividade*. v. 5. n. 2. São Paulo: EDUC, 1997. p. 449-464.

[99] Ver sobre o assunto: NAJMANOVICH, Denise. "O sujeito encarnado; limites, devir e incompletude". *Cadernos de subjetividade*. v. 5. n. 2. São Paulo: EDUC, 1997. p. 309-328.

[100] GIL, José. *Metamorfoses do corpo*. 2ª. ed. Lisboa: Relógio d'Água, 1997. p. 15.

[101] Ver DELEUZE, Gilles; GUATTARI, Félix. *Mil platôs*; capitalismo e esquizofrenia. v. 3. Rio de Janeiro: Ed. 34, 1995. p. 9-29.

[102] Ver FRANK, Arthur W. "For a sociology of the body: an analytical review".

FEATHERSTONE, M.; HEPWORTH, M.; TURNER, Bryan S. (eds). *The body*: social process cultural theory. London: Sage Publications, 1993. p. 36-102.

[103] GIL, José. *Fernando Pessoa ou a metafísica das sensações*. Lisboa: Relógio d'Água, S/D. p. 133-191.

[104] FRANK, Arthur W. Op. cit., p. 80.

[105] GIL, José. Op. cit., p. 133-179.

[106] PESSOA, Fernando. *Textos filosóficos*. vol. I. Lisboa: Ática, 1968. p. 36-38.

[107] Ver DELEUZE, Gilles; GUATTARI, Félix. Op. cit., p. 31-61.

[108] COSTA, Mário. *L'estetica della comunicazione;* cronologia e documenti. Salermo: Palladio, 1988. p. 71

[109] XEXÉO, Artur. Nem só de 'e-mails' vive um colunista. In. *Jornal do Brasil*. Caderno B, 5 de dezembro de 1999. p. 10.

[110] BAUMAN, Zygmunt. *Globalização*; as conseqüências humanas. Trad. Marcus Penchel. Rio de Janeiro: Jorge Zahar, 1999. p.3.

[111] Apud GOBIN, Marie. "Avez-vous des messages?". In: *Le Lire*: comment la technologie modifie l'écriture (Internet, traitement de texte, e-mail). n. 284. Paris: Larousse, abril de 2000. p. 54.

[112] RIDGE, A. H. *La Poste*; lien universel entre les hommes. Suiça: VIE. ART. CITÉ, 1974.

[113] MATTELART, Armand. Op. cit., p. 205.

[114] Apud MATTELART, Armand. Op. cit., p. 373-381.

[115] Dados obtidos no fascículo "O Domínio da Estratégia". n. 13. In: *Diário Econômico*. n. 2305, 5 de abril de 2000. p. 202.

[116] MONTEIRO, Elis. In: *Jornal do Brasil*. Internet, 13 de abril de 2000. p. 4.

[117] Confronte CAIAFA, Janice. *Nosso Século XXI*: notas sobre arte, técnica e poderes. Rio de Janeiro: Relume Dumará, 2000 – (Conexões; 4) e SCHEER, Léo. *A democracia virtual*. Trad. Maria da Conceição Pereira dos Santos; revisão científica Jorge Rosa. Lisboa: Edições Século XXI. 1997.

[118] AMARO, Nuno. *Correio Electrónico*; como utilizar o *e-mail*. Portugal: Edições CETOP, 1998. p. 7.

[119] SERRO, Rosane. In: *Jornal do Brasil*. Internet, 30 de março de 2000. p. 2.

120 AFONSO, Carlos-Alberto. "Au service de l'action politique". In: *Le Monde diplomatique*; Manière de voir Hors-série – Internet, l'extase et l'effroi. Paris: Le Monde diplomatique. Out/96. p. 44-45.

121 CASTELLS, Manuel. *A sociedade em rede*; A era da informação: economia, sociedade e cultura. V. 1. Trad. Roneide Venâncio Majer. São Paulo: Paz e Terra, 1999.

122 *Jornal Diário Econômico*. Caderno Empresas & Mercados. Porto, 5 de abril de 2000. p. 28.

123 GOBIN, Marie. Op. cit., p. 54.

124 CHAPPEL, Warren. *A Short History of the Printed Word*. Nova York: New York Times, 1971. p. 83.

125 Ler sobre o assunto: "A comunicação; uma ideologia com consonância utópica". In. BRETON, Philippe; PROULX, Serge. Op. cit., p. 271-287.

126 HALLEWELL, Lawrence. *O livro no Brasil*. Trad. Maria da Penha Vila Lobos e Lólio Lourenço de Oliveira. São Paulo: T. A. Queiróz/UNESP, 1985.

127 CANCLINI, Nestor Garcia. *Consumidores e cidadãos*; conflitos multiculturais da globalização. Rio de Janeiro: UFRJ, 1996. p. 151.

128 GRAY, John. "O mito do progresso". In. Revista *Margem*; mitologias do presente. n. 11. São Paulo: EDUC, 2000. p. 12.

129 Ver sobre o autor e seus prognósticos para a era eletrônica, ainda nos anos 60 e 70, reportagem e artigos no Jornal *do Brasil*. Internet, 28 de dezembro de 2000. p. 1-2. E consulte o site www.mcluhanmedia.com

130 SANTOS, Boaventura de Souza. *Pela mão de Alice*; o social e o político na pós-modernidade. São Paulo: Cortez, 1995.

131 SANTOS, Boaventura de Souza. "O Social e o político na transição pós-moderna". In: DUARTE RODRIGUES, Adriano e outros. *Revista de Comunicação e Linguagens*. Lisboa: Centro de Estudos de Comunicação e Linguagens (CECL), 1988. p. 29.

132 BRETON, Philippe; PROULX, Serge. Op. cit., p. 271.

133 SANTAELLA, Lúcia. "O homem e as máquinas". In: DOMÍNGUEZ, Diana. (Org.). A *arte no século XXI*; A humanização das tecnologias. São Paulo: UNESP, 1997.

134 BRETON, Philippe; PROULX, Serge. Op. cit., p. 271-272.

135 ROSNAY, Joël de. *O homem simbiótico*; perspectivas para o terceiro milênio. Trad. Guilherme João de Freitas Teixeira. Petrópolis, RJ.: Vozes, 1997.

136 SFEZ, Lucien. Op. cit., p. 69.

[137] VIRILIO, Paul. *Cybermonde la politique du pire*. Paris: Textuel, 1996. p. 46.

[138] PIRES, Paulo Roberto. "O progresso científico é uma catástrofe"; pensador francês lembra Santos Dumont como profeta e critica o entusiasmo em relação a tecnologias como a Internet. In: Jornal *O Globo*. Segundo Caderno, 12 de abril de 1998. p. 4.

[139] VIRILIO, Paul. Op. cit., p.123.

[140] BAUDRILLARD, Jean. *Tela total*: mito-ironias da era do virtual e da imagem. Trad. Juremir Machado da Silva. Porto Alegre: Sulinas, 1997. p. 25.

[141] Idem, Ibidem p. 134.

[142] LYOTARD, Jean-François. Op. cit., p. 30.

[143] ROSNAY, Joël de. Op. cit., p. 410.

[144] LÉVY, Pierre. *A inteligência coletiva*; por uma antropologia do ciberespaço. Trad. Luiz Paulo Rouanet. São Paulo: Loyola, 1998.

[145] LÉVY, Pierre. *As tecnologias da inteligência*; o futuro do pensamento na era da informática. Op. cit., p. 14.

[146] Idem, Ibidem p. 127.

[147] LÉVY, Pierre. *Qu'est-ce que le virtuel?* Paris: La Découverte (Sciences et Société), 1995. p. 25

[148] MACHADO, Arlindo. "Hipermedia"; o labirinto como metáfora. In: DOMÍNGUEZ, Diana (Org.). *A arte no século XXI*; a humanização das tecnologias. São Paulo: UNESP, 1997. p. 144-154.

[149] ROCCO, Paulo. "Feira de Frankfurt adia sua morte outra vez". In: Jornal *Folha de S. Paulo*. Folha Ilustrada, 17 de outubro de 2000. p. E-1.

[150] Apud ANGIOLILLO, Francesca. "Livro de papel dá sustento ao eletrônico". In: *Folha de S. Paulo*, Ilustrada, Caderno E, p. 5.

[151] Ver: http://www.italynet.com/columbia/internet.htm

[152] Ver CHARTIER, Roger. *Os desafios da escrita*. Trad. Fulvia M. L. Moretto. São Paulo: UNESP, 2002 e *A ordem dos livros*; leitores, autores e bibliotecas na Europa entre os séculos XIV e XVIII. Trad. Mary Del Priori. Brasília: Ed. Universidade de Brasília, 1999.

[153] Sobre a descontinuidade do NewtonBook ver: http://www.ariadne.ac.uk/issue29/wilson/

[154] Informação sobre o Franklin eBookMan pode ser encontrada em:: http://www.franklin.com/ebookman/

[155] Informação sobre o Sony Data Discman pode ser encontrada em: http://www.iath.virginia.edu/elab/hfl0014.html

[156] Informação sobre o Sony Electronic Book pode ser encontrada em: http://www.iath.virginia.edu/elab/hfl0125.html

[157] Informação sobre Franklin Boookman pode ser encontrada em: http://www.franklin.com/estore/platform/bookman/

[158] Informação sobre o Rocket eBook pode ser encontrada em: http://www.planetebook.com/mainpage.asp?webpageid=15&TBToolID=1115

[159] Informação sobre o SoftBook pode ser encontrada em: http://www.planetebook.com/mainpage.asp?webpageid=15&TBToolID=1116

[160] COURCELLES, Pierre. "O livro eletrônico e a obra única". In: *Jornal do Brasil*, Idéias, 1 de abril de 2000, p. 5.

[161] A Bíblia de Gutenberg na sua versão digitalizada pode ser vista no site chamado Gutenberg 2000 www.bl.uk, comemorando os seis séculos de impressão na Europa do primeiro livro impresso com tipos móveis. Comentários sobre o projeto estão no site http://prodigi.bl.uk/gutenbg

[162] THOMAS, Souto Corrêa. "Que o fim do papel não seja o fim da leitura". In: *Jornal da ABI*, edição especial, ano VI, n. 6, 2000. p. 53.

[163] Sobre as variedades das novas tecnologias relacionadas ao livro eletrônico e aos seus recentes serviços híbridos ver: - Palm Reader : http://www.peanutpress.com/ - MobiPocket Reader: http://www.mobipocket.com/ - hiebook: http://www.koreaebook.co.kr/ - MyFriend: http://www.ipm-net.com/eng/products/appliances/myfriend/ - Open eBook Forum: http://www.openebook.org/ - Ivan Noble. E-paper moves a step nearer. *BBC News Online*, 23 April 2001: http://news.bbc.co.uk/hi/english/sci/tech/newsid_1292000/1292852.stm - Clifford Lynch. The battle to define the future of the book in the digital world. *First Monday*, 6 (6), June 2001: http://www.firstmonday.dk/issues/issue6_6/lynch/ - Game Boy Book Reader: http://www.mqp.com/fun/gb.htm - EBONI: Electronic Books ON-screen Interface: http://eboni.cdlr.strath.ac.uk/ e http://www.jiscmail.ac.uk/lists/open-eboni.html

[164] WIRTH, Uwe. "Literatura na Internet, ou: a quem interessa, quem lê"? In: *Ars telemática*; telecomunicações, Internet e ciberespaço. Cláudia Giannetti, ed. Lisboa: Relógio d'Água, 1998. p. 93-116.

[165] BORGES, Jorge Luis. "A Biblioteca de Babel". In: *Ficções*. Trad. Carlos Nejar. 2ª. ed. Porto Alegre: Globo, 1976. p. 61-70.

[166] BARLOW, John Perry. "Um mundo que vai muito além da CNN". In: Jornal O Globo. Informática etc., 17 de agosto de 1998. p. 19.

[167] NEGROPONTE, Nicholas. A vida digital. São Paulo: Companhia das Letras, 1995.

[168] GATES, Bill Apud MARTINS, Wilson. "Direitos autorais no ciberespaço". In: Jornal O Globo. Prosa & Verso, 7 de junho de 1997. p. 4.

[169] JABOR, Arnaldo. "Algumas profecias para o milênio que começa". In: Jornal Folha de S. Paulo. Ilustrada, 26 de dezembro de 2000. p. E-5.

[170] JAGUARIBE, Hélio. "Cultura do papel". In: Jornal do Brasil. Idéias/Livros, 20 de março de 1999. p. 4.

[171] MACHADO, Arlindo. Op. cit., p. 9.

[172] MORIN, Edgar e Outros. O problema epistemológico da complexidade. Lisboa: Europa/América, S/D. p. 32.

[173] CASTELLS, Manuel. "Les flux, les réseaux et les identilés: où sont les sujets dans la société informationnelle"? In: CASTELLS, Manuel et alli. Penser le sujet; autour d'Alain Touraine. Paris: Fayard, 1995. p. 337-359.

[174] ARGAN, Giulio Carlo. Op. cit., p. 57.

[175] Idem, ibidem p. 57.

[176] Idem, ibidem p. 58.

[177] LUCCHESI, Marco. "O Sorriso do Caos". In: Ciência & Arte. E-mail: mvab@museuvirtual.com.br

[178] ENTLER, Ronaldo. "Acaso e Arte". In: Ciência & Arte. E-mail: mvab@museuvirtual.com.br

[179] DOMÍNGUEZ, Diana (Org.). Arte no século XXI; a humanização das tecnologias. São Paulo: UESP, 1997.

[180] BRAGANÇA DE MIRANDA, José A. "Da interactividade. Crítica da nova mimesis tecnológica". In: ARS Telemática; Telecomunicações, Internet e Ciberespaço. Lisboa: Relógio d'Água, 1998. p. 182.

[181] Idem, ibidem p. 187.

[182] VATTIMO, Gianni. A sociedade transparente. Trad. Hossein Shooja e Isabel Santos. Lisboa: Antropos, 1989. p. 51-66

[183] TOURAINE, Alain. Critique de la modernité. Paris: Fayard, 1992. p. 242-248.

[184] SCHEER, Léo. Op. cit., p. 92.

[185] Idem, ibidem p. 120.

[186] CASSEN, Bernard. "Um novo internacionalismo". In: Jornal *do Brasil*; Le Monde diplomatique, 21 de janeiro de 2001. p. 23.

[187] CASTI, John L. Op. cit., p. 7.

[188] DYSON, Freeman. *Mundos imaginados*; conferências Jerusalém-Harvard. Trad. Cláudio Weber Abramo. São Paulo: Companhia das Letras, 1998. p. 18.

Este livro, da MAUAD Editora,
foi impresso em papel ofsete 75g,
na gráfica Markgraph